# 남자 질투본색

SITTO NO SEKAISHI by MASAYUKI YAMAUCHI
Copyright ⓒ2004 by MASAYUKI YAMAUCHI
Original Japanese edition published by Shincho-Sha Co., Ltd.
Korean translation rights arranged with Shincho-Sha Co., Ltd.
through Shin Won Agency Co., Seoul.
Korean translation rights ⓒ 2009 by Innerbook

이 책의 한국어판 저작권은 신원 에이전시를 통한 일본의 Shincho-Sha와의
독점 계약으로 도서출판 이너북이 소유합니다.
저작권법에 의하여 한국 내에서 보호를 받는 저작물이므로 무단전재와
무단복제를 금합니다.

## 남자 질투본색

2판 1쇄 인쇄 | 2011. 02. 21.
2판 1쇄 발행 | 2011. 02. 28.

지은이 | 야마우치 마사유키
옮긴이 | 김해용 · 이선이
발행인 | 김청환
발행처 | 이너북

등록번호 | 제 313-2004-000100호

주　소 | 서울시 마포구 염리동 8-42 이화빌딩 807호
전　화 | 02-323-9477, 팩시밀리 02-323-2074

책임편집 | 이선이
이 메 일 | innerbook@naver.com
http://blog.naver.com/innerbook

ISBN 978-89-91486-55-3 03900

한국어판 ⓒ이너북, 2011, Printed in Seoul, Korea
값은 표지 뒷면에 표기되어 있습니다.
파본은 교환해 드립니다.

# 남자 질투본색

야마우치 마사유키 지음
김해용 · 이선이 옮김

이너북

CONTENTS

서장
# 질투와 시기가 역사를 바꾼다 · 9

질투는 여자의 특권이 아니다. 사랑하기 때문에 질투를 한다면 그나마 다행이지만 치열하게 세상을 살아가는 남자의 질투와 시기는 나라를 멸망시키기도 한다. 일본 역사를 뒤바꾼 대사건들, 그 사건의 원인을 더듬어 가다 보면 억누를 길 없는 질투와 맞닥뜨리게 된다.

1
# 신하를 인정하지 않는 군주 · 25

우에스기 사다마사와 오타 도칸, 알렉산더 대왕, 도쿠가와 요시노부와 가쓰 가이슈, 나시르와 살라딘, 손권, 시마즈 히사미쓰와 사이고 다카모리. 상사의 마음속 깊은 곳에 있는 것은 질투인가, 노회함인가, 의지인가, 아니면 현실적인 정치감각인가.

2
# 열녀의 집념, 남자를 죽이다 · 49

아들을 위해 명재상을 죽인 쉴레이만 대제의 애첩 록셀라나는 제국을 서서히 망국의 길로 이끌었고, 권력욕에 눈이 멀어 공신들을 차례로 죽여 나간 유방의 조강지처 여후는 일족을 멸망으로 이끌었다. 때로는 남자보다 잔혹한 여자들의 집념.

# 3
## 맹렬한 라이벌 관계 · 67

군의관으로, 문인으로 자신을 향해 쏟아진 질투에 격렬하게 반응했던 모리 오가이는 평생 동안 온갖 수단을 사용한 방해공작의 한 가운데 있었다. 그런가 하면 일본 근대사의 중요인물이었던 곤도 이사미는 가장 가까웠던 동지를 질투심에 눈이 멀어 암살하기까지 한다.

# 4
## 주인의 은총이 초래하는 것 · 93

순사(殉死)를 허용하지 않았을 만큼 중용되었던 아베 일족은 결국 모두가 죽음에 이르게 되고, 히틀러와 롬멜의 밀월관계도 마침내 불행한 결말을 맞이한다. 오늘날의 회사 생활에서도 상사의 편애가 심하면 심할수록 질투로 인한 비극이 초래될 수 있다.

# 5
## 학자 세계의 우울 · 111

도시적 세련미를 갖춘 인격자로, 연구와 문필가, 그리고 사교에 있어 재능을 발휘했던 눈(雪)의 박사, 나카야 우키치로의 침묵. 초등학교 중퇴라는 초라한 학력에도 불구하고 자유분방했던 식물학자 마키노 도미타로의 화려한 언변. 질투에 대한 상반된 대응방식을 보여줬던 스타 학자 두 사람의 인생관.

# 6
## 천재의 어리석음, 수재의 용의주도함 · 131

희대의 전략가 이시하라 간지를 비롯해 야마시타 도모유키 같은 뛰어난 군인들을 모두 몰아낸 도조 히데키. 조직 운영의 실무에 익숙한 수재는 천재를 능가한다. 일개 '노력형 인간'이 어떻게 육군대신, 더 나아가 총리까지 올라갔는가.

# 7
## 독재자의 업보 · 151

공화제 로마의 독보적인 존재 카이사르가 어둠속에 묻힌 것과는 반대로 훗날의 독재자, 그 중에서도 공산주의 체제 하에서의 지도자들은 자신의 질투심을 체제내부에서 교묘히 조화시켰다. 일찍이 스탈린은 투하체프스키를, 마오쩌둥은 류사오치를 죽음으로 몰아넣었다.

# 8
## 형제라서 더욱 격렬한 질투 · 169

시마즈 요시히사와 요시히로, 나코에 황태자와 오아마 황태자, 미나모토노 요리토모와 요시쓰네, 나가오 하리카게와 우에스기 켄신, 도쿠가와 이에미쓰와 마사유키. 뛰어난 아우 때문에 전전긍긍하는 형은 셀 수 없이 많다. 아주 드문 예외는 다케다 신겐의 신뢰를 한 몸에 받은 노부시게 정도뿐.

# 9
## 어울릴 수 없는 자들 · 185

모험심과 의협심에 사로잡혀 있는 스타 군인 고든과 투철하면서도 완고한, 그리고 유능한 관료 베어링. 아무리 그들 각자가 자신들의 임무에 천재적인 재능을 발휘하더라도 어차피 물과 기름일 수밖에 없는 두 사람. 최후에 남은 사람, 그리고 비참한 죽음을 택한 사람, 과연 영웅은 누구일 것인가.

### 종장
## 질투 받지 않았던 남자 · 201

결코 속마음을 보이지 않았던 아둔한 스기야마 하지메, 그리고 군인 같지 않게 권력욕이 없었던 데라우치 히사이치. 또한 나쁜 마음을 가지려 하지 않은 이에미쓰의 이복동생 호시나 마사유키의 인간 됨됨이와 세계에서도 유래를 찾아볼 수 없는 그의 선정(善政)들. 역사속 인물들에게 배우는 처세의 지혜.

- 후기 · 217
- 옮긴이의 글 · 220

가능하다면 인간으로서, 질투만은 받고 싶지 않습니다!(이아고)
셰익스피어 《오셀로》 제3막 제3장

서장

# 질투와 시기가
## 역사를 바꾼다

질투는 여자의 특권이 아니다. 사랑하기 때문에 질투를 한다면 그나마 다행이지만 치열하게 세상을 살아가는 남자의 질투와 시기는 나라를 멸망시키기도 한다. 일본 역사를 뒤바꾼 대사건들, 그 사건의 원인을 더듬어 가다 보면 억누를 길 없는 질투와 맞닥뜨리게 된다.

#       질투와 시기가
            역사를 바꾼다

### 질투심이 생길 때

 가부키 명배우로 9대째 그 이름을 세습하고 있는 마쓰모토 코시로[1]가 아직 세간의 명성을 얻지 못하고 있을 때 생각지도 못하게 브로드웨이에서 열린 '국제 돈키호테 페스티벌'에 초대되었다. 1969년 9월의 일이다. 일본에서 〈라만차의 남자〉라는 뮤지컬로 이미 돈키호테에 관한 한 선구자적 입지를 구축하고 있던 기쿠타 카즈오[2]에게 이 사실이 보고된 것은 당연한 일이었다.

 보고를 받은 기쿠타는 단 한마디, "잘 됐군"이라고 중얼거렸다. 그리고 코시로가 평생 잊을 수 없었던 독특한 표정을 지었다고 한다.

말로는 쉽게 표현할 수 없는 묘한 표정이었다. 그 표정을 작년에도 보았다. 미국 메이저리그에서 활약하고 있는 노모 투수[3]에 대해 어떻게 생각하느냐는 질문을 받은 가네다 마사이치[4] 씨의 표정이 그것이었다. 축하해야 할 일이라고 말은 하고 있었지만 동시에 분한 표정도 섞여 있었다고나 할까. 비록 은퇴하긴 했어도 왜 자신이 아닌 그 남자에게 스포트라이트가 쏟아지는가 하는 그런 표정이었다.

(마쓰모토 코시로, 미즈오치 키요시 《코시로의 못다 이룬 꿈》)

토호[5]의 기쿠타 카즈오는 〈마이 페어 레이디〉와 〈바람과 함께 사라지다〉 등을 통해 일본에 뮤지컬을 뿌리내리려 한 남자다. 그러한 자부심이 누구보다 강한 자신을 제치고 자신의 제자만 브로드웨이에 초대되었다는 사실이 그의 마음을

---

1) 松本幸四郎. 1942~. 브로드웨이 뮤지컬을 현지에서 영어로 공연해 큰 호응을 불러일으켰던 만능 배우
2) 菊田一夫. 1908~1973. 일본의 극작가이자 작사가
3) 野茂. 일본 프로야구 선수. 미국 메이저리그에서 아시아 투수 가운데 최다승을 올렸다.
4) 金田正一. 일본 프로야구계에서 유일하게 400승을 올린 명투수.
5) 東寶. 대표적인 일본의 영화, 연극 제작 배급회사.

복잡하게 했음에 틀림없다.

다른 사람의 일이 수월하게 잘 풀리는 것, 그리고 다른 사람의 행운을 싫어하는 감정을 '질투'라고 한다면 기쿠타 카즈오는 틀림없이 코시로를 질투한 것이다.

친한 사람, 그것도 함께 고생해온 제자가 다른 사람에게 칭찬 받는 게 싫을 리는 없다. 하지만 동시에 예능인에게는 자신감과 긍지도 있다. 명예욕도 만만치 않다. 이런 마음이 다 합쳐져 질투심을 불러일으키고, 그래서 무심코 제자 또한 경쟁상대로 여기고 말았던 게 아닐까. 이미 뮤지컬뿐만 아니라 라디오 드라마 〈당신의 이름은〉으로도 폭발적인 인기를 모은 기쿠타도 이럴진대 분명 그는 표면상 축하해 주기는 했어도 속으로는 질투로 인해 고통 받았을 것이다. 차마 남들에게 푸념도 못한 채 말이다.

이와 비슷한 상황을 나도 텔레비전에서 본 적이 있다. 시드니올림픽 여자 마라톤에서 다카하시 나오코가 우승했을 때 그녀를 바라보던 선배 X의 복잡한 얼굴에서였다. 그때 그녀는 분명 후배인 다카하시의 우승을 축하한다고 말하고는 있었지만 뭔가 개운치 못한 표정을 하고 있었다.

이것은 연극이나 스포츠에만 국한된 문제가 아니다. 뭔가를 자신만큼만, 혹은 자신만큼도 할 수 없다고 생각했던 사람이 세상의 상찬(賞讚)을 받았을 때 나오는 솔직한 감정이 바로 질투다. 또 한편 자신이 못하니까 더욱 다른 사람의 성공을 질투하는 경우도 있다. 어쨌든 친한 사람이 칭찬 받으면 대개의 사람들은 저항감을 느낀다. 그 저항감이 평범한 수준을 초과했을 때 그 사람을 일러 질투의 화신이라고 한다.

### 까다로운 남자의 질투

질투는 여자의 천성이라 남자는 질투하지 않는다고 말하는 사람도 있다. 한자 연구가인 시라카와 시즈카의 경우가 대표적이다. 그는 질투의 '질(嫉)'은 질병을 의미하는 한자어 '질(疾)'과 통하여 멀리 해야 하는 것이지만 질투의 감정은 '여자가 특히 심하다' 하여 '계집 여(女)' 변을 사용했다고 말한다. '시기'란 뜻의 '투(妬)' 자 역시 마찬가지이다.

하지만 남자도 질투한다. 남자는 절대 질투하지 않는다고 여기는 사람은 고대 그리스의 정치가 테미스토클레스의 경우를 보자.

그는 자신이 남들의 질투를 받을 만한 일은 한 번도 하지 않았다고 말했던 적이 있다. 물론 우리 같은 보통사람은 명예를 얻을 수만 있다면 남들의 질투를 사는 것 정도는 아무렇지 않게 생각할 테지만 말이다.

실제로 테미스토클레스는 기원전 840년 살라미스 해전에서 페르시아 해군을 격파, 나라를 구했으면서도 정적(政敵)들의 강렬한 질투와 반감에 부딪혀 비밀투표 끝에 사형을 선고 받았다. 그 후 우여곡절 끝에 테미스토클레스는 얄궂게도 페르시아로 망명했다. 중국 고대의 고사성어 '토사구팽'과 같은 대접을 받은 것인지도 모른다.

중국에서는 병적으로 질투가 심한 사람을 '투치(妬癡)'라고 부른다. 당나라 때 이익이라는 남자가 있었다. 이 인물은 자신의 처를 날이 바뀌고 해가 바뀌어도 끊임없이 의심했기 때문에 남자의 심한 질투를 가리켜 '이익의 질투'라고까지 부르게 되었다. 또한 남자의 질투를 뜻하는 '모(媢)'라는 한자가 있을 정도이다. 이런 점만 보더라도 남자의 질투가 훨씬 더 까다롭다 할 것이다.

사실 몇몇 극단적인 사례를 제외하면 여자의 질투에는 어딘가 귀여운 구석이 있다. 나하고는 아무런 관계도 없는데 괜히 사이가 좋은 사람을 보면 질투하는 그 행위에도 일종의 애교 같은 것이 포함되어 있다. 이런 질투는 참견을 좋아하는 여자들의 성향과 아주 관계없는 것은 아니다.

그와 달리 남자의 질투는 어딘가 음성적이고 끈적끈적한 데가 있다. 경쟁을 통해 얻게 된, 자신이 타인보다 못하고 불행하다는 열등의식을 '질투'라는 감정이라고 한다면, 먼 옛날부터 일을 통해 경쟁해 온 남자야말로 강렬한 질투심의 소유자들이다.

셰익스피어의 비극 《오셀로》에서도 이아고의 처 에밀리아가 내뱉는 대사는 정작 신랄하지 않다. 대신 장군 오셀로의 무공을 시기하고 질투하는 오셀로의 기수(騎手) 이아고가 극의 핵심적인 악역이다.

에밀리아는 남편의 애인을 둘러싸고 질투로 밤을 새우면서도 자신의 질투가 합당한 것인지 냉정하게 분석할 줄 아는 다음과 같은 솔직한 시선도 가지고 있다. "뭔가가 있기 때문에 질투하는 것이 아니고, 질투할 이유 없이 질투하는 것, 그 질투라는 것은 저절로 생기고 저절로 태어나는 괴물이라고 말했던 것이다."

반면 "내가 매일 밤 질투로 괴로워하며 살아야 하는가, 달도 차면 기우는데 내 의심의 구름은 더욱 짙어져만 가는가?"라고 되까리는 주인공 오셀로의 고백은 남자의 존재와 일을 통째로 부정하는 듯한 비장감마저 느끼게 한다. 비록 신이 자신에게 사랑하는 아내 데스데모나를 질투하도록 명했다고 둘러댔지만 말이다.

**질투는 필요악**

남녀를 불문하고 질투는 참으로 꺼림칙한 감정이다.

중국 역사 속의 환관들은 태어나면서부터 남자의 성기를 절단당하는 등 예사롭지 않은 배경으로 인해 타인에 대한 불신과 질투, 그리고 음모와 경쟁으로 점철된 조직사회를 헤쳐 나왔다. 그래서인지 중국 역사에서 환관이 관여한 왕조의 정변(政變)과 권력의 교체극은 이루 헤아릴 수 없을 정도이다. 현대의 기업이나 조직에서도 비밀리에 동료를 끌어내리기 위해 음모를 꾸미는 사람 중에는 과거의 이들 환관이 어떻게 처신해 왔는지 연구한 자도 분명 있을 것이다.

인간의 천성이 그렇게까지는 악하지 않다고 하더라도 장군 오셀로가 기수 이아고의 간계를 가리켜 말한 것처럼, 인간은 '타인의 약점에 깊이 관여하고 싶어 하고, 때로는 너무 질투한 나머지 그곳에 있지도 않은 과오를 억지로 꾸미고 마는' 그런 '나쁜 병'으로부터 완전히 자유로울 수는 없다.

재능이 남다른 사람은 늘 자신이 누군가의 질투의 대상이 되고 있지나 않은지 돌아봐야 한다. 그럴 때면 본인도 타인을 어떤 형태로든 질투하고 있음을 깨달을 것이다. 춥고 더운 기후와 같은지도 모른다. 다른 사람을 적당히 질투하는 게 감정 조절에 반드시 필요하다고는 할 수 없겠지만 그렇다고 아주 쓸모없다고도 할 수 없기 때문이다.

그래도 질투가 너무 심하면 마음이 황폐해져 진정한 자신을 잃어버릴 위험이 크다. 반대로 적당한 질투심이라면 건강을 유지하는 체내의 자동조절 같은 기능을 할지도 모른다.

실제로 엄청난 질투의 대상이 되는 일을 하면서 쾌감을 느끼는, 성공한 사람들도 많다. 특히 예술이나 예능의 세계에서는 다른 사람들의 질투를 받을 정도라야 성공했다고 인정받을 수가 있다. 그래서 성공한 사람들은 드디어 자신이 질투의 대상이 된 것에 희열을 느끼며 자신이 생각한 대로 인생과 일이 진행된 이야기를 다른 사람들에게 들려주고 싶어 하는 것이다. 그 때문에 실패하는 사례도 적지 않다. 자신의 성공에 도취해 겸손하지 못하고 무심코 잘난 체를 하게 되면 주변 사람들도 괜히 머쓱해지기 때문이다.

다른 사람들에게는 그저 생각지도 못한 성공을 하게 됐다고만 말해두면 되는 것이다. 그러면 주변사람들로 하여금 저 자는 행운이 따라준 것에 불과하고 나는 약간 불운한 것뿐이라고, 운 탓으로 돌릴 수도 있다. 행운을 결정하는 것은 실력과 노력이 아니기 때문에 자신을 위로할 여지가 남는 것이다. 프랑스 속담처럼 '자신을 위로하는 말은 저절로 발견되는 것'이며, 그 위로가 상처를 치유하는 법이다.

### 추신구라의 배경

정치계에는 굳이 명예욕 때문이 아니더라도 고금을 막론하고 질투가 심한 사람이 많다. 자만이나 허풍만으로도 불쾌한데 유력자의 총애가 눈에 거슬릴 정도로 심해지면 누구든 모든 일에 있어서 적당함과 조심성을 잊어버리는 경향이 강하다.

로마 제정기의 그리스인 저술가 플루타르코스도 각별히 주의를 주었듯이 자기도취병에 걸린 사람은 조정의 신하와 군인들에 많았다. 지금 막 권력자의 연회에서 돌아온 사람, 국정의 중대사를 논하던 사람들 중에는 황족이나 유명인사의 이름을 끊임없이 자신의 대화에 넣고 싶어 하는 타입이 많다. 권력의 핵심부에서 배제되어 원통해 하는 사람에게 이것만큼 듣기 싫은 소리는 없다. 그런 만큼 권력자의 비밀을 알고 있다는 은근한 자부심이 무신경할 정도로 강한 사람은 다른 사람의 미움을 받는 것도 당연하다. 실무를 담당할 힘도 부족하고 수입도 얼마 안 되면서 황제나 국왕을 모시고 있다는 이유만으로 콧대가 높은 사람은 다른 사람의 질투를 사기 쉽다.

아코번[6] 낭인들의 복수를 그린 〈추신구라[7]〉만 봐도 알 수 있다. 이 이야기 속에 등장하는 기라 요시나카가 아사노 나가노리에게 원한을 사 에도 성 안에서 칼에 찔린 사건은 다이묘[8]들이 자신들과 마찬가지 신분인 기라에게 품고 있던 질투의 산물이었다.

기라 요시나카는 에도 막부에서 조정과 신하들 사이의 관계를 조율하는 고케[9]라는 특수한 직책을 맡고 있었을 뿐만 아니라 고케 중에서도 선임자로서 다이묘들보다 높은 지위에 있었다. 게다가 아시카가 쇼군 가문의 명문 혈통인 기라 요시나카는 고작 스물세 살의 나이에 종4품의 쇼쇼(少將)라는 고위직에 올랐다. 쇼쇼라는 관직에 오르면 궁 안에서는 로주[10]보다도 상석에 앉는 게 보통이다. 요즘으로 치자면 마치 궁내청의 문부장관과 외무성의 의전장이 수상 혹은 그에 준하는 중요 각료들보다 더 윗자리에 앉는 격이라고나 할까.

아사노 같은 일반 다이묘는 종5품 이하의 지위에 불과했다. 게다가 대부분의 다이묘는 이 이상의 위계로 승진할 수 없었

---

6) 赤穗藩. 일본 에도(江戶) 시대의 300번(藩)의 하나. 지금의 효고현(兵庫縣)이다.
7) 忠臣藏. 우리의 〈춘향전〉과 같은 일본의 고대 소설. 아코번의 성주인 아사노 나가노리가 기라 요시나카를 칼로 상처 입히자 당시 쇼군이었던 도쿠가와 쓰나요시가 아사노 나가노리에게 할복을 명한다. 하지만 기라에게는 아무런 문책이 없자 아사노의 가신들 마흔여섯 명이 결집, 기라를 죽여 복수한 후 모두 자살한다는 내용이다.
8) 大名. 일본 헤이안 시대부터 19세기 말까지의 각 지방 유력자를 일컬음.
9) 高家. 에도 막부의 의식이나 전례 등을 담당하던 직명.
10) 老中. 에도 막부의 정무 최고 책임자.

다. 아사노와 기라 사이에는 무려 네 단계나 차이가 났다.

기라의 지위는 도쿠가와 이에야스의 후손인 세 가문(오와리, 키이, 미토)과 가가 지방 103만 석[11]의 마에다 가문, 그리고 막부 내의 최고 실력자인 다이로[12] 사카이 다다키요(마에바시 지방 150만 석) 바로 뒤에 위치할 정도로 높았던 것이다. 이시다카 지방의 고작 4천2백 석에 불과한 하타모토[13]가 27만 석의 도도 가문(신번)과 후다이 다이묘를 필두로 한 35만 석 이이 가문(히코네번)보다 상위에 있었던 것이다. 그러니 기라에게서 예법에 대한 지적을 받은 아사노뿐만 아니라 자부심이 강한 다른 다이묘들 입장에서 보면 불쾌했음에 틀림없다. 게다가 일반 다이묘는 굴욕적이게도 조정의 관직을 기라 같은 고케에게 수여받는 게 관례였으니 마음속 깊이 반감과 함께 복잡한 질투심이 똬리를 틀고 있었다 해도 이상할 게 없다.

물론 알력은 기라 때문만은 아니었다. 오히려 막부의 행정 시스템이 만든 기묘한 왜곡이 문제였던 것이다. 하지만 다이묘의 질투심은 제도보다 개별 인격에 의한 것이었다. 그것이 에도 시대의 분위기였다.

---

11) 石. 척관법에 의한 용적의 단위. 1석은 10말.
12) 大老. 막부에서 쇼군을 보좌하던 최고의 관직명.
13) 旗本. 에도 시대의 무사 관직명. 여기서는 기라 요시나카를 말한다.

어쨌든 보통은 씨도 먹히지 않을 하타모토의 지도를 받은 다이묘들의 질투와 반감, 그 기묘한 결합을 이해해 두면 아사노가 기라에게 상처 입힌 사건의 배경도 쉽게 이해할 수 있을 것이다. 더 나아가 기라를 처치한 아사노 나가노리의 가신 오이시 구라노스케를 비롯 46인의 낭인들에게 후한 대접을 아끼지 않은 구마모토 지방 54만 석의 호소가와 가문만 보더라도 다이묘들의 의지를 잘 알 수 있다.

## 국가를 움직이는 질투

질투가 무사의 칼부림 사태를 불러일으킬 정도이니 전쟁의 원인이 된다 해도 이상할 건 없다.

질투는 굳이 말한다면 겉으로는 쉽게 드러나지 않는 것이어서 때로는 친한 사이에서도 발생하는 경우가 있다. 하지만 질투와 그로 인한 비뚤어진 마음이 아무렇지 않게 사람들 사이로 퍼져 결국 음모와 결탁할 때 발생하는 어마어마한 에너지는 전쟁처럼 역사를 바꿔놓는 대사건을 일으켜 왔다.

14세기에 활약했던 튀니스 출신의 역사철학자 이븐 할둔[14]에 따르면, 전쟁의 원인이 되는 복수심은 일반적으로 질투와 선망 등에 의해 생긴다고 한다. 일본에서도 천하를 판가름한 세키가하라 전투[15]는 도요토미 히데요시의 총애를 얻고 싶어 했던 문치파(文治派) 이시다 미쓰나리에 대한 무단파(武斷派) 가토 기요마사와 후쿠시마 마사노리들의 강렬한 질투와 시기를 도쿠가와 이에야스가 교묘히 이용한 게 직접적인 원인이 되었다.

최근의 경우, 1990년부터 1991년에 걸쳐 일어난 페르시아 만의 전쟁은 부유한 산유국 쿠웨이트에 대한 사담 후세인의 시새움이었을 뿐만 아니라 아랍의 질투어린 여론이 그 밑바탕에 깔려 있는 것이기도 했다. 질투는 개인들 차원의 것만은 아니다. 국가도 국가를 질투하는 것이다.

타인의 재능과 성공에 대한 질투의 예는 세계사에서 얼마든지 찾아볼 수 있다. 역사적으로 평범한 사람이 재능 있는 사람을 질투한 예는 셀 수 없을 정도였다. 만약 그것이 정치가나 군인이었다면 국가의 존망과 관련된다는 점에서 참으로 무시무시한 일이다.

---

14) 1332~1406. 14세기 아라비아의 최대 역사철학가로 정치·외교 방면에도 중요 역할을 하였다. 세계사 저서인 《이바르의 책》은 베르베르 종족을 서술한 최초 문헌이다.
15) 1600년 벌어진 도쿠가와 이에야스와 도요토미 히데요시의 천하 패권을 건 전투. 이 전투에서 이겨 도쿠가와 이에야스는 에도 막부를 세웠다.

# 1

# 신하를 인정하지 않는 군주

우에스기 사다마사와 오타 도칸, 알렉산더 대왕, 도쿠가와 요시노부와 가쓰 가이슈, 나시르와 살라딘, 손권, 시마즈 히사미쓰와 사이고 다카모리. 상사의 마음속 깊은 곳에 있는 것은 질투인가, 노회함인가, 의지인가, 아니면 현실적인 정치감각인가.

# 신하를 인정하지 않는 군주

### 군주의 고뇌

 현대 조직에서도 부하를 질투하는 상사는 그리 드물지 않다. 역사 속의 군주 중에서는 가신의 인망이나 실력을 시기한 나머지 국가를 쇠망의 상태로 몰아간 이도 있었다.

 15세기에 에도 성을 만든 명장 오타 도칸도 주군에게 살해당한 무장이었다. 그의 주군 우에스기 사다마사는 아시카가 막부의 권위가 약해지면서 어지러워진 전국시대의 간토 지역을 제패하려고 도칸을 활용했다. 도칸은 에도에서 출격하여 30회 이상이나 간토 들판에서 싸웠다.

 우에스기 사다마사는 같은 성을 쓰는 두 가문 중 하나인 오기가야쓰의 당주였다. 늘 대립하고 있던 야마노우치 가문에서는 도칸의 지략을 무력화시키기 위해 사다마사의 약점을 이용했다. 사다마사가 도칸의 명성과 실력이 점점 자신을 압도하는 것에 대해 위기감을 느끼고 있다는 걸 야마노우치 가문은 알고 있었던 것이다. 사다마사가 라이벌인 야마노우치 가문과 다른 가신들의 시기어린 험담을 받아들여 충신을 살해한 것은 두말할 나위 없이 어리석은 짓이었다.

지금도 여전히 명장으로 이름을 날리고 있는 오다 도칸은 날렵한 기동력을 자랑하는 군사작전으로 유명했지만, 학문이나 시가를 즐기는 간토 지방 굴지의 정치가이기도 했다. 도칸이 상경했을 때 당시의 고하나조노 천황이 무사시노의 풍경에 대해 묻자 시로 바로 화답하여 천황을 크게 감동시켰다는 이야기도 있는 걸로 보아 그의 학문과 시가의 경지를 짐작할 수 있다.

오타 도칸은 1486년 가스야(현 가나가와현 이세하라시)에서 자신을 두려워한 주군이 보낸 자객에게 습격당했을 때 "(공신인 자신을 죽이면) 마땅히 멸망하리라!"는 한마디를 남겼다고 한다. 결국 주군인 사다마사는 그의 비열함에 치를 떨게 된 가신들이 모두 등을 돌려 얼마 후 자멸했다.

부하의 성공과 능력을 시기하는 좁은 마음은 군주나 상사의 자질에는 어울리지 않지만 그래도 어쩔 수 없다는 듯 질투하는 것을 보면 참으로 흥미롭고 놀랍다. 뛰어난 재능을 가졌던 오타 도칸의 경우처럼 충성심을 의심받는 가신이나 부하가 세계사에는 수없이 등장한다. 그런 만큼 적대나 모반의 기운을 느끼고 사전에 위험을 제거하는 것도 군주의 능력이라 불러야 할지 모른다.

알렉산더 대왕은 기원전 4세기에 마케도니아부터 인도 북서부에 걸쳐 거대한 제국을 이룩한 후 동서 문명을 융합하여 헬레니즘 문화를 꽃피운 군주였다. 그 알렉산더 대왕에게도 질투심은 있었다. 하지만 그것은 태반이 정치적인 적개심이라고 부를 수 있는 것이어서, 우에스기 사다마사 같은 단순한 질투와는 달랐다. 서양력 200년경에 활약한 로마의 저술가 아이리아노스[16]는 다음과 같이 기술하고 있다.

> 알렉산드로스는 자신의 부하들에 대해 질투심(적개심)이 몹시 강해 어떤 인물에게든 좋게 말하는 경우가 없었지만 그 이유는 다양했다고 전해진다. 전술에 뛰어나다는 이유로 페르디카스를 미워했고, 통솔에 재능이 있다는 이유로 류시마코스를, 용기가

---

16) 클라우디오스 아이리아노스 (Klaudios Ailianos. 170~230. 그리스어로 저작물을 남긴 고대 로마의 문인.

있다는 이유로 세레우코스에게 적의를 품고 있었다. 또한 안티고노스의 야심만만한 성격도 그에게는 거슬렸고, 프톨레마이오스의 요령 좋은 성격에도 의심을 품었으며, 아타리아스의 방종, 페이톤의 모반심을 두려워하기도 했다. (《그리스 기담집》)

위의 기술 속에 등장하는 모든 사람들은 알렉산더 대왕의 죽음(기원전 323년) 후 후계자 전쟁에서 옛 군주의 유언을 둘러싸고 분쟁을 계속한 야심만만한 인물들이다. 이를테면 페르디카스는 재상이 되었고, 류시마코스는 트라키아, 세레우코스는 시리아, 안티고노스는 마케도니아, 프톨레마이오스는 이집트에 각자의 독립 왕조를 세우고 서로 각축했다.

### 신하에게 소외당한 최후의 쇼군

정말이지 알렉산더 대왕의 질투심은 상당한 것이었다. 그렇지만 그에게는 원정길의 선두에 서서 나일강부터 인더스강 유역까지 석권할 의지가 있었고, 책임감도 강했다.

그와 비교하면 도바후시미 전투[17](1868년) 후에 가신들을

---

17) 왕정복고에 의해 성립한 신정부가 저항하는 구 막부 세력을 평정하고 통일국가의 기틀을 다진 무진(戊辰)전쟁의 시발이 되었던 전투.

내팽개친 채 오사카 성에서 도망친 도쿠가와 15대 쇼군 도쿠가와 요시노부는 요즘으로 치자면 정치가라기보다 평론가에 더 어울린다. 막부를 와해시킨 책임감 따위는 눈을 씻고 찾으려야 찾아볼 수도 없었던 주제에 가신들의 재능에는 턱없이 질투심이 강했던 주군이었다.

요시노부의 질투와 시기를 한 몸에 받은 이는 막부의 군함부교를 맡고 있던 가쓰 가이슈였다. 가이슈는 도바후시미 전투에서 패한 후 같은 가신인 다카모리와 할복하기로 말을 맞추고, 에도의 마을들을 포화로부터 구하자마자 곧바로 또다시 요시노부의 목숨을 구했다. 이 가쓰 가이슈도 요시노부의 질투를 늘 받아온 만큼 말년의 가이슈의 추억 이야기에는 그 시대 마지막 장군의 불쾌감이 고스란히 드러나 있다.

가이슈는 막부의 권위 회복을 노린 제2차 초슈 전쟁(1866년) 때 군함부교로 복직해서 자신들에게 비협조적이었던 사쓰마번이 적극적으로 막부를 방해하지 못하도록 설득하는 데 겨우 성공했던 적이 있었다. 그러자 요시노부는 "가쓰는 재주가 너무 많아서 무슨 일을 꾸밀지도 모른다. 그러니 볼일이 끝나면 바로 돌아오도록 하라"고 다른 사람에게 말을 전하도록 했으니, 그는 가이슈에게 참으로 냉정했다.

가쓰 가이슈도 이 지경까지 이르러서는 더 이상 분을 참지 못한 듯 훗날 요시노부의 질투에 대해 따끔하게 한마디 했다고 한다. 요시노부에게는 왠지 '투현[18]'의 성격이 있었던 것이다. 요시노부를 싫어했던 것은 가쓰 가이슈뿐만 아니라 가쓰와 입장이 다른 막부 엘리트들도 모두 마찬가지였다.

가쓰 외에 막부의 모든 사람들은 병약한 몸으로 솔선수범한 14대 쇼군 이에모치야말로 대임에 더 적합한, 존경받아 마땅한 주군이라고 생각했다. 이런 분위기를 알았기 때문에 요시노부는 더욱 옹졸하게 굴 수밖에 없었을 것이다. 정치공작이 잘 안 먹혀들면 자신의 비겁함이나 무책임함은 제쳐두고 인재난만 탓하다가 정작 자신은 안전지대로 도망치곤 했다. 그릇도 작은 주제에 질투심만 노골적으로 드러내는 경영자는 지금도 역시 미움을 산다.

### 적통인 왕과 방계의 영웅

군주의 질투와 '투현'이란 말을 할 때면 떠오르는 장면은 제3차 십자군(1189~1192년)의 영웅 살라흐 알 딘(살라딘)에 대한 압바스 왕조의 칼리프, 나시르의 심상치 않은 질투이다.

칼리프란 7세기에 이슬람 계시를 받은 예언자 무하마드의

---

18) 妬賢. 현명함을 투기함.

대리인에게 내리는 칭호이다. 최초의 네 명은 신자들의 협의로 선출되었지만 우마이야 왕조(661~750년) 때부터 군주가 세습하게 되었다. 《천일야화》의 무대인 바그다드를 수도로 삼았던 압바스 왕조(750~1258년)도 십자군이 공격해온 12세기에 들어서서는 목숨을 겨우 부지하는 쇠퇴기에 접어들고 있었다.

살라딘은 늘 똑똑하지 못한 주군을 모셨으면서도 예루살렘을 마침내 십자군으로부터 해방시켜 준 영웅이다. 영국의 사자왕 리처드나 프랑스의 필립 2세와의 싸움은 이슬람의 기사도 정신과 휴머니즘의 정수로도 유명하다.

하지만 그가 '승리의 왕(마리크 알 나시르)' 이라는 칭호를 얻자 칼리프인 나시르는 왜 자신의 이름을 아무런 허락도 없이 썼느냐는 심술궂은 질책만 했을 뿐 예루살렘 해방에 대해서는 순순히 치하하려 하지 않았다. 트집이나 마찬가지였다. 바그다드의 칼리프는 정작 자신은 아무것도 하지 못한 주제에 살라딘의 무공과 인기가 대단한 게 불만이었던 것이다. 전형적인 질투심의 발로였다. 이것은 우에스기 사다마사와 오타 도칸의 관계와도 흡사하다.

살라딘이 변방 중에서도 또 변방이라 할 만한 쿠르드인 출신이었다는 점도 모멸감 섞인 질투심을 아랍인인 나시르에게 갖게 했던 것인지도 모른다. 살라딘의 명성을 시기하고 있었으면서 그의 성과만은 자신의 것으로 만들려고 필사적이었던 점은 평범한 경영자와 비슷하다. 수니파의 칼리프도 타락한 것이다.

게다가 질투는 마침내 적의로까지 변했던 모양이다. 명목상이라고는 하지만 이슬람 세계에서 종교, 정치의 최고 권위를 가진 지도자가 부하를 시기하는 모양새라면 병사나 주민의 사기도 위축될 것이다. 미움을 사게 된 살라딘의 의욕과 정열이 사그라지자 그 작전이나 정치가 뒤틀리는 건 당연한 일이었다.

나시르에게는 쿠르드인 살라딘을 향한 모멸과 질투를 부채질하는 측근이 있었는지도 모른다. 정보를 왜곡하여 전달할 뿐만 아니라 거짓 정보를 나시르의 귀에 들어가게 했을 것이다.

살라딘 쪽에도 문제는 있었다. 형식상의 주군에게 이유를 알 수 없는 질투를 받았다면 가망이 없다고 생각해 재빨리 포기해 버리면 되었다. 힘이나 실적도 살라딘 쪽이 더 위였던 것이다. 불필요하리만치 너무 신경을 쓰게 되면 오히려 상사나 라이벌의 질투와 시기만 조장하게 된다. 결국 압바스 왕조가 일찍이 중동 지역을 통치할 힘을 잃고 그 권위마저 땅에 떨어졌기 때문에 더욱 이집트에 자신의 왕조인 아이유

브 왕조(1169~1250년)를 수립, 이슬람 세계의 통일을 회복하려 애썼던 것만 보아도 알 수 있다.

어쩌면 살라딘 자신에게도 쿠르드인이라는 출신 성분에 대한 열등감이나 아랍인의 핏줄이 아닌 데서 오는 묘한 조심스러움이 있었던 게 아닐까. 하지만 이 우유부단함이야말로 살라딘의 목숨을 단축시켰을 뿐만 아니라 십자군 전쟁에서도 결정적인 승리를 놓치는 원인이 되었다.

살라딘과 칼리프 나시르의 관계를 보고 있으면 정치에서의 이단과 적통 사이의 알력, 기업에서의 외부 영입인사와 내부 인사의 서로에 대한 반감, 관청에서의 민간인 등용의 어려움 등 외부 인재를 활용하는 문제점을 무심코 떠오르게 만든다.

나시르가 《오셀로》에 등장하는 이아고의 대사를 알고 있었다 해도 그 좁은 속마음을 바꾸지 못했음에 틀림없다.

"무서운 것은 질투입니다. 그것은 눈빛을 초록의 불꽃으로 태우는 괴수이며, 인간의 마음을 양식으로 삼아 그것을 괴롭히고 조롱합니다."

### 늙은 후에 찾아오는 추함의 극치

그래도 나시르나 요시노부는 쉰 살을 넘고부터 질투와 시기의 눈으로 부하들을 바라본 손권보다 나을지도 모른다.

《삼국지》의 주인공인 손권은 229년 신하들의 요청으로 오나라 황제의 자리에 올랐지만 이때는 이미 주유, 노숙, 여몽, 육손 같은 유능한 모사들의 도움으로 적벽대전(208년)에서 조조에게 완승했던 당시의 정기(精氣)는 찾아볼 수 없었다. 양쯔강의 적벽에서 조조가 이끄는 20만 위군을 맞이하여 미끼와 불타는 배를 이용해 고작 3만의 병사로 적을 철저히 물리친 것은 주유의 두뇌였다.

천하를 셋으로 나누기로 한 손권도 황제를 칭하고 나서부터 눈에 띄게 세력이 약화되기 시작했다. 의욕과 판단력이 너무 저하된 나머지 충신과 간신을 분간해낼 수가 없게 된 것이다. 도리나 신념이 없는 야심가를 신용하여 되레 시기심과 질투의 화신이 되어 갔다. 촉의 재상 제갈공명의 호적수였던 육손이 도리에 맞는 간언을 했음에도 그것을 거부한 즈음부터 오나라의 장래에는 검은 구름이 드리워졌던 것이다.

점점 심해지는 불만은 공포정치로 억누르기만 했다. 여일 같은 잔인하고 뱀 같은 남자를 신임하여 냉혹하게 법을 적용시켰다. 너무 오래 산 손권은 나이를 먹은 데 따른 추함을 여실히 드러냈다 해도 좋다.

일흔한 살에 죽은 손권은 조조와 유비보다 오래 살았지만

'기린도 너무 오래 살면 느린 말보다 못하다'라는 금언을 실제로 증명해 보였다.

3세기 서진(西晉)의 역사가 진수(陳壽)가 쓴 《삼국지》에서는, 손권은 재능도 있고 지략도 상당해서 호걸이라 부를 만한 인물이었다고 기술하고 있다. 그랬기 때문에 강남을 지배할 수 있었고, 삼국을 정립(鼎立)시킬 수 있었던 것이다. "그렇지만 까다로운 성격에 살육도 서슴지 않았는데 말년에 이르러서는 그게 더욱 심해졌다"고 했으니, 심한 질투심의 말로를 보는 듯하다.

### 왕의 의지

손권의 경우는 극단적이라고 치더라도, 두뇌가 번뜩이는 예리한 독재적 경영자와 견고한 실력파 중역 사이에는 질투의 감정이 충분히 싹틀 수 있다. 일본의 경우 막말부터 메이지[19] 첫 해 사쓰마번의 실력자 시미즈 히사미쓰와 사이고 다카모리의 관계가 바로 그러하다.

---

19) 1867년 무쓰히토가 16세의 나이로 왕위에 올라 이듬해 9월 연호를 '메이지(明治)'로 고쳤다. 이에 따라 그의 재위기간을 메이지시대라고 부른다. 1869년 에도(江戶)를 도쿄(東京)로 고치고 도쿠가와 막부(德川幕府)의 아성이던 에도성(江戶城)을 왕궁으로 정하였다. 최고통치권자로서 천황친정(天皇親政)의 대의명분 아래 왕정복고를 실현하고 메이지 신정부를 수립하는 메이지유신에 성공하였다.

사쓰마번에 의한 막부 멸망은 이 두 사람(그리고 오쿠보 시미치)의 절묘한 호흡과 연대로 실현됐다. 히사미쓰는 결코 평범한 그릇이 아니었다. 물론 오쿠보들의 게릴라적인 중앙 공격론에 비해 번을 거점으로 삼아 출병하자는 신중론을 주장하며 늘 번의 여론을 통일시켰고 또한 위아래를 일치단결시켰다는 점에서 약간 무정부적이었던 미토번과 초슈번과는 또 다른 특징의 사쓰마번을 만들었다.

메이지 유신에 사쓰마번이 중심적 역할을 수행할 수 있었던 것은 히사미쓰의 지도력이 큰 몫을 차지한다. 도쿠가와 막부의 마지막 쇼군인 요시노부 타도를 히사미쓰가 결심하지 않았다면 막부를 쓰러뜨릴 수 없었을 테니, 히사미쓰의 역할을 좀 더 평가해야 할 것이라는 지적은 설득력을 가지고 있다.

하지만 시마즈 히사미쓰에게는 두 가지 약점이 있었다. 그 하나는 번주가 아니어서 대외적인 정치활동에 제약이 있었다는 점이다. 히사미쓰는 번주인 모치히사(훗날의 다다요시)의 친아버지이자 영지에서는 '국부'로 불리었지만 일단 영지에서 나가면 아무 직위도 없는 일반인에 불과했다. 그리고 또 다른 하나의 약점은 가신인 사이고 다카모리를 과도하게 의식한 것이다.

사이고는 비서역으로서 히사미쓰의 형인 나리아키라를 모

셨기에 자연스레 형제를 비교할 수밖에 없었다. 시마즈 나리아키라는 자주적인 산업화와 병기 생산을 도모하는 한편 서양식 군제를 도입한 개명파의 군주였다. 사이고에게는 이런 형에 비해 동생인 히사미쓰가 아무래도 못 미더웠을 것이다.

사이고는 1862년 2월에 막부의 미움을 사 유배되었던 아마미오시마에서 돌아왔다. 그리고 히사미쓰로부터 공식합체(천황과 막부를 일체화시켜 막부와 번의 체제를 다시 강화하자는 정치노선)의 설명을 듣고는 바로 난색을 표했다. 게다가 히사미쓰가 죽은 형인 나리아키라의 유지를 이어받아 입경 계획을 실현시키고 싶다고 말하자 사이고는 히사미쓰에게 대놓고 주군은 큰일을 할 그릇이 아니라고 단언했다니, 사이고의 말도 합당한 것은 아니었다.

두 사람이 대화를 나누는 동안 사이고는 히사미쓰에게 "주군에게는 미안하지만 주군은 촌뜨기니까 무리"라고 했던 것이다. 그래서 형님인 나리아키라와 같은 방대한 계획을 실현할 수 없다는 무례한 말이었다.

히사미쓰는 그로부터 25년이 지나, 죽기 전 해에 이 이야기를 했다. 그때까지 감추고 있었던 이유는 정말 큰 충격과 굴욕을 받았기 때문일 것이다. '촌뜨기'라는 말은 주군이 하급무사와 얼굴을 맞댄 상태에서 들을 수 있는 말이 아니었다.

실제로 히사미쓰가 병력을 이끌고 도쿄로 진출하려는데 사이고가 명령을 무시했기 때문에 히사미쓰는 그의 추방을 결심하고 다시 도쿠노시마로 귀양 보냈다. 히사미쓰는 사이고가 야심 때문에 공을 세우려고 했든, 아니면 명령을 거역하고 거사를 돕지 않으려 했든 어느 쪽이든 간에 처분할 생각이었다고 말했다.

두 사람은 상당히 어울리지 않는 사이였을 것이다. 히사미쓰 입장에서 보자면 섬으로 귀양 보낸 것은 차라리 관대한 처분이었다. "평소 같았으면 목이라도 잘라야만 할 놈이었다. 그런데 그 처분을 다시 거두라니 있을 수 없는 일이다"라고 사면을 요청하는 가신들의 진언을 거부했다. 사이고를 도쿠노시마로 보낸 것으로도 모자라 다시 더 먼 오키노에라부지마로 옮긴 것만 봐도 히사미쓰의 성격이 드러난다. 히사미쓰는 '평생 돌아올 수 없는 유죄'를 사이고가 저질렀다며 격노했던 것이다.

히사미쓰가 사이고를 싫어했던 것은 인망이 두터운 사이고에 대한 질투 때문이기도 했을 것이다. 오쿠보 이치조들은 열심히 변호했고, 사이고와 함께 기꺼이 벌을 받은 자도 있었으며, 자살하는 가신들까지 나타났기 때문이다. 왜 주군의 명령을 어기면서까지 사이고를 위해 서슴없이 희생하는지 히사미쓰의 감정은 질투까지 뒤섞여 부글부글 끓었을 것이다.

그래도 막말 급전하는 정세는 히사미쓰로 하여금 사이고를 다시 불러들이게 만들었다. 자신의 타협에 히사미쓰는 불만이었는지도 모른다. 2년 만에 귀양 처분을 철회하는 것은 참으로 화나는 일이었을 것이다.

### 정치적 판단에 의한 통제

하지만 히사미쓰의 정치적 후각은 상당히 예민한 편이었다. 메이지 유신 후에 사이고들이 시마즈 가문의 권위와 힘을 업신여겼을 뿐만 아니라 폐번치현[20]부터 세이난 전쟁[21]까지 숨 쉴 틈 없이 진행돼 오는 가운데 모반의 뜻을 품고 있다는 것을 일찍부터 알아채고 있었기 때문이다. 히사미쓰의 경계심에는 정치 현실에 대한 위험신호도 점멸하고 있었던 것이다.

히사미쓰는 사이고의 활동을 허용하면서도 그를 자신의 감시 범위 하에 두려고 했다. 누구나 납득할 만한 행동을 했다 해도 허용 범위에서 벗어나면 사이고는 곧바로 불려왔고, 다시 귀양 가기 직전에 이른 적도 있었다. 제1차 초슈 전쟁[22]에서도 사이고가 월권행위를 했다며 비판했고, 에도 저택의

---

20) 廢藩置縣. 메이지 정부가 중앙집권을 꾀하기 위해 전국 261개 번을 폐하고 부현을 설치한 일
21) 西南戰爭. 1877년 사이고 다카모리를 앞세워 일으킨 반정부 내란.

정원 삭감도 사이고의 단독 전횡이었다며 불만을 털어놓았는가 하면 삿초 동맹[23]의 추진에 있어서도 사이고에 대한 분노를 감추지 않은 모양이었다.

사이고가 막말에 무력으로 막부를 쓰러뜨리기 위한 노선 전환[24]과 히사미쓰의 도쿄 진출을 촉구했을 때도 히사미쓰는 정치의 주도권이 가신에게 넘어가는 것을 허락하지 않았다. 사이고는 자신의 제안이 받아들여지지 않으면 정치에서 은퇴할 생각까지 했었다고 한다.

히사미쓰의 분노를 걱정한 것은 오쿠보였다. 사이고는 오로지 사죄할 수밖에 없었다. 교토를 중심으로 정치의 실권을 잡고 있던 사이고와 오쿠보는 1867년 왕정복고로 전환됨에 따라 정부의 관원(천황의 직속 신하)이 되었다. 히사미쓰 입장에서는 두 사람의 진로에 대해 왈가왈부할 형편이 안 되었으므로 속만 끓이고 있었을 것이다. 1871년(메이지 4년) 폐번치

---

22) 초슈(長州)는 일본 혼슈의 남쪽 지방으로, 시모노세키 해협을 앞에 두고 있어 해양 운송이 발달, 사쓰마번에 버금가는 강력한 번으로 성장했다. 1864년 존왕양이파의 초슈번이 막부와 갈등하던 끝에 일어난 전쟁이 1차 초슈 전쟁이며, 다시 이어진 2차 전쟁 후 초슈번은 사쓰마번과 동맹을 맺고 막부 타도에 나서게 됐다.
23) 1866년 사쓰마번과 초슈번이 맺은 동맹.
24) 사이고도 초기에는 히사미쓰의 공무합체를 지지했으나 후에 존왕양이로 입장을 바꾼 것을 가리킴.

현 후 히사미쓰는 정부의 최고지도자가 된 사이고들을 자유롭게 처치할 수가 없었다.

하지만 1872년이 되어서도 히사미쓰는 시종장인 도쿠다이지 사네노리에게 정부 고관이 된 사이고와 오쿠보의 파면을 요구했던 적이 있었다. 결코 사이고들을 가만 두고 보지 못한 채 늘 눈을 번뜩이고 있었던 것이다.

게다가 새 정부에 의한 위계 발표를 듣고 히사미쓰는 분노로 머리가 폭발할 지경이었을 것이다. 히사미쓰는 종3위, 당주인 다다노리는 종4위였는데 사이고는 정3위, 오쿠보는 종3위였던 것이다. 사이고보다 낮고 오쿠보와는 같은 지위라니, 히사미쓰도 납득할 수 없었을 것이다. 사이고들이 '옛 번주보다 자신들이 높은 것은 불가하다'며 직위를 사퇴했지만 칙명으로 이미 발표되었으므로 허용되지 않았다.

### 무너져가는 신뢰관계

이래저래 오쿠보와 사이고는 히사미쓰의 울분과 불평불만에 매일이 편치 않았다.

오쿠보는 히사미쓰의 안부도 물을 겸 가고시마로 돌아와서도 한 달 이상을 무시당한 모양이었다. 아홉 번째 면담 신청에서야 비로소 히사미쓰의 진의가 문명개화에 대한 불만이라는 것을 알았다.

히사미쓰와 오쿠보의 신뢰관계야말로 막부를 쓰러뜨리는 밑바탕이었는데 히사미쓰의 질투심이 오쿠보에게도 미치고 말았다. 서로의 신뢰관계는 무너져 버렸던 것이다.

폐번치현에 대해서도 히사미쓰는 사이고와 오쿠보 무리들의 일처리에 대해 불만을 드러냈다. 특히 새롭게 참의가 된 사이고를 향한 원한은 더욱 쌓여만 갔다.

사이고 쪽에도 책임이 없는 것은 아니었다. 메이지 천황의 가고시마 행차 때도 천황을 모신 성의 혼마루[25]에 있었으면서 사이고는 니노마루[26]의 히사미쓰에게 인사도 오지 않았던 것이다. 사이고 입장에서 보자면 히사미쓰의 질투와 비난이 싫어서 그곳까지 가는 게 내키지 않았을 것이다. 하지만 이것은 사이고가 잘못 생각한 것이었다. 히사미쓰는 모두가 짜고 옛 주군에게 인사도 오지 않는다고 추측했기 때문이었다. 이 결례는 이유야 어쨌든 비난받을 만하다.

히사미쓰는 정부 고관이라는 신분에 안주하여 함부로 죄를 짓고 은혜도 잊었다며 열네 개 항목에 이르는, 사이고를

---

25) 本丸. 일본의 성곽에서 중심을 이루는 한 구역. 성주의 거처.
26) 二の丸. 성의 혼마루 외곽을 둘러싼 성곽.

힐난하는 문서를 보냈다. 이걸 본 사이고 역시 기가 막혀 할 말을 잃을 정도였다.

히시미쓰는 매번 주군을 소외시키려는 태도가 보인다며 비난했고, 옛 신하들이 최근의 군사적 공로를 자신들의 것인 양 자랑하고 있지만 이 모든 것은 일신의 안위를 생각지 않은 채 천하를 위해 희생한 사쓰마번이 없고서는 불가능했을 것이라며 분개했다.

### 원망의 근원

무엇보다 히사미쓰를 그저 질투심 많은 소인배로 생각하는 것은 정확하지 않다. 그는 막말에도 공무합체[27]와 도막개국[28]의 키를 쥔 정치인이었다. 히사미쓰의 사이고에 대한 의심은 문명개화라는 새 정부의 이념에 대한 불만과도 연관돼 있지만 좌대신이라는 고위직을 받았음에도 히사미쓰는 새 정부의 권력 내부에서는 완전히 소외되어 있었다.

메이지 시대가 되어서도 히사미쓰의 변하지 않은 점은 사이고를 싫어한다는 것 하나였다. 아무리 보아도 히사미쓰는

---

27) 公武合體. 에도 말기 조정과 막부가 힘을 합쳐 외세를 극복하고 동시에 막부를 재구축하려 한 구상.
28) 倒幕開國. 막부를 쓰러뜨리고 문호를 외국에 개방하자는 주장.

줄곧 사이고를 싫어했다. 죽기 직전까지 '촌뜨기'라고 불린 굴욕을 잊지 못한 채 메이지 연간의 회고에서도 오키노에라 부지마로 유배된 사이고의 사면을 부탁하는 자들에게 심한 말을 했던 일화를 자신이 직접 확인해줄 정도였다.

"너희들은 속고 있다. 그는 모반할 놈이다. 결코 사약을 받고 죽을 놈이 아니다"

'결코 사약을 받고 죽을 놈이 아니다'(방에서는 죽지 않는다)라는 표현은 상당히 센 것이다. 어쩌면 이 발언도 '촌뜨기'라 불린 것에 대한 은밀한 보복이었는지도 모른다. 윗사람의 관대함을 기대하기엔 그의 집념이 너무나도 강했다.

나는 히사미쓰가 사이고의 어디가 그렇게 마음에 안 들었는지를 늘 의문스럽게 생각했다. 그 해답의 열쇠를 쥐어준 것은 말년의 에토 준[29]의 저작물 《난주 잔영(南洲殘影)》이었다. 가고시마의 현령 오야마 쓰나요시는 세이난 전쟁이 일어나자 음으로 양으로 사이고를 지원했다. 쓰나요시는 막말의 데라다야 사건[30]으로 인해 과격파를 배제하고 후에 도호쿠의 군관참모를 지낸 사람이다. 오야마 쓰나요시는 칙사의 재

---

29) 江藤淳. 1932~1999. 일본의 문예평론가.
30) 寺田屋. 1862년 존황양이파가 교토의 데라다야에 집결한 것을 시마즈 히사미쓰가 가신들을 보내 살해토록 한 사건.

촉으로 상경할 것을 결심했지만 그 이유에 대해 에토는 히사미쓰가 조금이라도 '편안히 수행' 할 수 있으면 좋겠다고 큰 소리를 쳤기 때문이라고 추측한다. 또 일설에는 심복인 오야마가 정부와 사이고 사이를 '조정' 할 수 있으리라고 히사미쓰가 기대했기 때문이라고도 한다.

그런데 오야마의 도쿄 상경을 들은 사이고는 "어리석구나, 오야마. 그는 명령을 모르는 자다"라며 비웃었다고 한다. 오야마가 사쓰마 외에는 생각하지 않았기 때문일까. 에토에 따르면 사이고의 진의는 사쓰마에 대한 충성도 아니었고 히사미쓰나 옛 주군에 대한 충성도 아니었다. 사이고의 충의는 '나의 충의는 좀 더 거대한 것에 대한 충의' 라고 진술하고 있는 정도의 충의였다.

서양에게 먹히고, 대관들에게 먹히게 된 신생 일본. 그의 도리는 오야마 쓰나요시와는 달리 법정에서 다툴 만한 것이 아니었다. 이러한 도량과 사쓰마의 틀을 뛰어넘는 사상이야말로 에토 준의 말에 따르면 일본인의 심성을 깊이 뒤흔드는 사이고 난주(다카모리의 호)의 훌륭한 점이다. 이것을 에토는 '사이고 난주의 사상' 이라고 부른다.

그러고 보면 히사미쓰의 질투도 사이고의 인망과 재능에 걸맞게 보잘 것 없는 것만은 아니었을지도 모른다. 타고난

정치인이기도 했던 히사미쓰는 사이고 가슴 안에 있는, 개인의 업적을 능가하여 역사에 남을 사상의 깊이를 막말 이후 누구보다 먼저 눈치 챘던 게 아니었을까.

  자신으로서는 도저히 이룰 수 없는 역사의 신화로 연결될 사이고의 크기를 느꼈을 때 히사미쓰의 불안은 미칠 듯한 질투로 변했다고 할 수 있지 않을까.

## 2

# 열녀의 집념이 남자를 죽이다

아들을 위해 명재상을 죽인 술레이만 대제의 애첩 록셀라나는 제국을 서서히 망국의 길로 이끌었고, 권력욕에 눈이 멀어 공신을 하나둘 죽인 유방의 조강지처 여후는 일족을 멸망으로 이끌었다. 때로는 남자보다 잔혹한 여자들이 진년.

# 열녀의 집념이 남자를 죽이다

**유방의 부인 여후의 시기심**

능력 있는 남자는 능력 있는 여자에게도 라이벌이 된다 남자의 성공을 시기하는 것은 남자뿐만이 아니다. 역사를 들춰보면 여자의 질투 때문에 나라가 기운 경우는 수없이 많았다.

오스만 제국의 번성기였던 16세기, 술탄 슐레이만 대제의 애첩이었던 록셀라나는 절세의 미녀였다. 그녀는 어리석은 자신의 아들 셀림 2세의 권력을 더욱 확고히 하기 위해 키프로스 정복과 동방 영토의 안정에 공헌한 대재상 메흐메드 파샤 소콜루 암살을 배후에서 지휘한 인물이었다. 하렘에 들어앉은 자신의 힘이 약해질 것을 두려워한 록셀라나가 대재상의 인망과 실력에 불안을 느꼈던 것이다.

이 어리석은 짓은 역사상 최대의 이슬람 국가를 쇠락의 길로 이끄는 계기가 되었다. 재미있는 사실은 소콜루가 보스니아의 기독교도 집안에서 태어나 아명을 파요라고 했고, 록셀라나 역시 우크라이나인, 적어도 슬라브 계통의 피를 이어받은 여자였다는 점이다. 두 명의 '유럽인'이 이슬람 제국의 왕을 둘러싸고 질투심에 빠져 있었다는 점은 여간 흥미로운 대목이 아닐 수 없다.

한편 전한의 창시자, 고조 유방이 기원전 195년에 죽었을 당시 애첩이던 척부인은 황태후 여후의 무시무시한 질투로 인해 '인체(人彘)'가 되었다. 온몸이 손상된 '인간 돼지'라는 의미이다.

절세의 미녀는 그야말로 손발이 절단되는 정도로 끝나지 않았다. 눈알을 후벼 파이고 귀가 달궈지는 것으로도 모자라 발성 능력마저 빼앗긴 후 천장 낮은 '측중'(뒷간 속)에 버려졌다. 유방의 총애를 받아 아들을 생산한 벌을 고스란히 받은 것이다. 마음이 여렸던 여후의 친아들 혜제는 '인체'를 보고 "사람이 할 도리가 아니다. 태후의 아들로서 더 이상 천하를 다스릴 수 없다"라고 한탄하고는 그 이후로 주색에 빠져 정사를 돌보지 않았다고 한다.

여후의 이상 행동이 이뿐이었다면 그녀는 범상치 않은 잔혹한 여성으로서 역사에 이름을 남기는 데 불과했을 것이다. 하지만 그녀의 대단한 점은 유방을 천하의 패자로 만들기 위해 온갖 권모술수를 다 사용했다는 데 있다. 창업 공신조차 숙청을 서슴지 않았고, 본능적인 경계심으로 자신과 유방에게 적대하는 무리들을 음모와 교묘한 말로 배척해 갔던 것이다.

그녀의 발자취를 보면 능력 있는 여자가 능력 있는 남자를 질투할 때의 무서움의 정도가 어디까지 일지를 잘 알 수 있다. '질투'나 '시기'에 혐오뿐만 아니라 증오까지 포함된다는 걸 여후의 감정이 잘 드러내주고 있다.

유방이라는 인물은 강소의 패에서 태어난 미천한 태생으로 주색을 좋아했는데, 신기할 만큼 사람들이 잘 따랐다. 여후는 유방이 행방을 감추어도 바로 찾아낼 수 있다고 곧잘 자랑하곤 했다. 남편이 있는 곳에는 독특한 기운이 서려 있기 때문에 바로 알 수 있다는 것이었다. 타고난 여장부였던 여후 역시 남편의 자존심을 세워주는 일만은 잊지 않았던 셈이다.

유방은 진의 시황제가 죽은 후 일어난 각지의 반란에 맞춰 병사를 모은 후 기원전 206년 초의 귀족인 항우와 함께 진 제국을 멸망시켰다. 일단 항우 밑으로 들어가 '한중왕'에 봉해졌다가 후일 반기를 들고 천하를 다투던 끝에 기원전 202년 항우를 죽이고 한(漢) 제국을 건설했다.

애당초 여후는 유방의 복스러운 관상과 천운에 주목한 아버지의 권유로 아내가 되었다. 청소하는 하녀라도 시켜달라고 애걸했던 것이다. 유방이 실의와 시련의 나날을 보낼 때도 여후는 남편 곁을 떠나지 않고, 술지게미와 쌀겨 같은 허접한 음식으로 빈곤한 생활을 보내며 유방을 격려했다.

여후에게는 난세를 헤치고 나가 유방과 자신이 한의 천하를 만들겠다는 의식이 강하게 존재했던 모양이다. 남쪽의 항우, 북쪽의 유목민족인 흉노의 모돈이라는 영웅호걸 사이에 끼어 있으면서도 한 제국을 건설한 유방을 이끈 게 자신이라는 자부심도 있었다. 그리하여 두 사람의 땀과 노력의 결정을 자칫 다른 사람에게 빼앗길까봐 늘 눈을 번뜩이며 주위를 경계하고 있었다.

그중에서도 특히 남편 이상으로 탁월한 사람일지도 모를 남자들에게는 여후의 질투와 시기의 눈초리가 더욱 빛났다. 여후는 유방의 젊은 시절 부하와 유능한 장군들에게도 결코 마음을 허락하지 않았다.

두 사람의 관계에는 비극이 벌어지기 전의 아가멤논과 왕비 클리타임네스트라와 비슷한 부분이 있다. 젊은 시절 10년 동안의 악전고투 끝에 트로이를 공략, 개선한 그리스의 총

지휘관 이야기는 기원전 5세기의 비극 시인 아이스킬로스의 『아가멤논』에 자세히 나와 있다. 이 두 사람은 자신들도 모르는 사이에 일종의 임무 분담을 하고 있었다.

아가멤논은 가만히 있어도 명성이란 계속 드높아지는 것이라고 생각해 자신의 할 일만 제대로 하고 있으면 된다고 믿었다. 점잖으면서도 신중한 아가멤논에 비해 아내인 클리타임네스트라는 '사람들의 시기를 두려워해서는 선망과 찬미의 대상으로서 세상의 모범이 될 수 없다' 며 권력에 대한 의지를 갖도록 남편을 적극 부추겼다.

### 철저한 소추

사실 유방은 여후 덕택에 천하를 취할 수 있었던 면도 있지만 그녀 때문에 평판이 안 좋아진 면도 있음을 부인할 수 없다. 『사기』의 저자인 사마천은 여후가 천성적으로 강직하여 유방을 도와 천하를 평정한 점에 대해서는 높이 평가하는 동시에 '대신을 주살한 것도 여후의 뜻에 따른 경우가 많았다' 고 밝히고 있다.

특히 여후의 대단한 권력욕과 질투의 희생양이 된 이는 다소 신변 관리가 허술했던 불세출의 무장 한신이었다. 한신은 젊은 시절, '가랑이 사이로 지나가라' 는 시정 무뢰배의 말을 그대로 따라 겁쟁이라고 비웃음을 산 적도 있었다. 대를 위해 소를 희생한 '한신의 가랑이 지나가기'의 일화가 바로 그것이다.

그가 한창 승승장구하고 있을 때는 유방, 항우와 셋이서 천하를 삼분할 만큼의 힘을 가지고 있었지만 여후의 계략에 의해 헛되이 죽고 말았다. 죽는 순간에 이르러 한신은 이렇게 말했다.

"괴통의 지략[31]을 따르지 않아서 이렇게 아녀자에게 속은 게 분할 따름이다. 이것도 하늘의 뜻일 것이다"

이 '괴통의 지략'에 대해서는 나중에 더 설명하도록 하자.

한신에 이어 팽월도 여후에게 당했다. 팽월도 산동의 어부 출신으로 한때는 부하들을 이끌고 도적질을 하기도 했다. 진(秦)의 세상이 어지러워지자 유방의 유격군으로서 초의 항우와 싸웠다.

항우에게 이기기 위해 유방은 한신을 제왕, 팽월을 양왕으로 책봉하여 아군으로 만들었는데, 해하 전투(기원전 202년)에서 초군을 물리칠 때 팽월이 지대한 공을 세웠다. 팽월은 항우를 죽여 유방이 천하를 취할 수 있도록 만들었다는 점에

---

31) 한신의 책사인 괴통이 항우와 유방 어느 쪽에도 붙지 말고 세 발 솥처럼 균형을 유지하라고 간언한 것을 가리킨다.

서 한신에 버금가는 공로자였다. 후일 유방은 팽월을 기습적으로 공격해 포로로 만든 뒤 평민으로 신분을 강등시켜 서쪽의 촉나라로 추방하였다. 아무리 유방이라 해도 목숨까지 빼앗는 건 너무하다고 생각했을 것이다.

하지만 여행 도중에 여후와 만난 것이 팽월의 불운이었다. 여후에게 결백을 호소하며 그냥 고향에서 살고 싶다고 탄원하자 "알겠습니다"라고만 대답한 뒤 팽월을 데리고 동쪽으로 다시 돌아가 유방에게 말했다. 그 여후의 말이 놀랍다. "팽왕은 장사인 탓에 지금 촉으로 추방하는 것은 굳이 장래의 화근을 남겨놓는 것입니다. 죽여 버리는 편이 좋을 것입니다. 그렇게 생각하여 제가 데리고 왔습니다."

그러고 나서 여후는 바로 팽월이 모반을 꾀했다고 고발하여 유방에게 그 일가를 멸족시키게 만들었으니 참으로 추호의 인정도 없다 하겠다. 팽월의 시신은 소금으로 절인 후 그릇에 가득 담아 여러 제후들에게 보냈으므로, 모두들 두려운 마음을 품게 되었다. 이 집요함에도 여후의 뜻이 작용했으리라는 것은 불 보듯 훤하지 않을까.

팽월과 한신 못지않게 혁혁한 공을 세운 사람으로 회남왕 경포도 있다. 원래 이름은 영포지만 젊은 시절 죄를 지어 경형[32]에 처해져 이런 이름이 되었다. 이 경포도 교묘한 함정에 빠져 반기를 들었지만 간단히 제거되고 말았다.

유방과 같은 고향에서 어린 시절부터 가족 모두 아는 사이였던 노관조차 여후의 시기와 질투에서 벗어날 수 없었다. 노관은 유방의 손님으로 대접받아 침실 출입마저 허락됐을 만큼 유방의 신임이 두터웠다. 이것이 여후에게는 눈엣가시였.

연왕이었던 노관은 자신처럼 유 씨 성이 아니고도 왕이 되었던 한신과 팽월이 죽은 것을 보고 두려움을 느껴 자신의 처소에 틀어박혔다. "이것은 모두 여후의 모략이다. 지금 주상이 병들어 국정을 여후에게 맡겨두었지만 여후는 일개 아녀자인 터라 일을 핑계 삼아 성이 다른 왕과 공신들을 죽이는 데 전념하고 있다"라면서. 노관은 밖으로 나가는 순간 죽을 게 뻔했기 때문에 병을 칭하여 안에만 틀어박혀 있다가 나중에 북방 유목민족인 흉노에게로 재빨리 달려갔다.

### 한신의 비극

이야기를 다시 한신에게로 돌려보자. 뭐니 뭐니 해도 여후에 의한 숙청의 극치가 이 경우이기 때문이다.

유방은 천하를 손에 쥔 후 공신들에 대한 인물평을 한 적

---

32) 黥刑. 이마나 팔뚝에 먹줄로 죄명을 적어 넣는 형벌.

이 있었다.

"작전을 군막(작전본부) 안에서 궁리하되 승리를 천 리 밖에서 결정짓는다는 점에서 나는 부하인 장량에 미치지 못한다. 국가를 다스리고 백성을 어루만지며 양식을 모든 사람에게 고루 나눈다는 점에서는 나는 소하에 미치지 못한다. 백만의 군사를 거느리고 싸우면 반드시 승리한다는 점에서는 나는 한신에게 미치지 못한다."

행정 능력이 뛰어난 소하는 군사적 천재인 한신을 등용하도록 진언하여 두 사람이 함께 유방을 모셨기 때문에 유방은 진정으로 운이 좋은 사람이었다. 소하는 천하를 쟁탈하기 위해서는 한신처럼 '천하제일의 국사로서 더할 나위 없는 인물'이 필요하다고 헌책했던 것이다. 그리하여 그를 장군으로 삼으면 어떠냐고 말하는 유방에게 소하는 "장군으로 삼으면 한신은 분명 그 정도의 인물밖에 되지 않을 것입니다"라고 했다. 그러자 유방은 "그럼 대장군으로 하지"라며 두둑한 배포를 보여주었던 것이다.

그렇게 한창 어지러운 시기에 조(趙)의 군대와 싸우게 되었을 때 한신은 강을 뒤에 두고 포진했다. 소위 말하는 배수진이었다. 조군을 여지없이 무너뜨린 한신은 후에 이 계책의 이유를 묻자 이렇게 대답했다. "아직 병사들을 충분히 훈련시키지 못한 터라 '오합지졸인 백성을 닦달하여 싸우게 하기(규율도 통제도 아직 제대로 되지 않는 군대를 싸움에 내몰기)' 위해서는 그들을 굳이 사지로 몰아넣어 필사적으로 만들 필요가 있었다"고 말이다.

한신은 비옥한 대국인 제(齊)를 모두 평정하자 제왕이 되려는 야심을 노골적으로 드러냈다. 유방은 분노했지만, 항우를 제거하기 위해서는 그가 필요하다는 장량과 진평 같은 책사의 말을 듣고 분을 삭이며 한신이 제왕이 되는 것을 인정하지 않을 수 없었다. 여후는 이즈음부터 한신을 쉽지 않은 인물로 보고 경계하기 시작했을 것이다. 또한 그 인기에도 반감을 갖게 되었을 것이다. 실제로 한신 앞에 천하삼분의 계를 설파한 괴통이라는 책사가 나타났던 것이다.

괴통은 한신에게 강국인 제에 머물면서 연(燕)과 조(趙)를 이끌고, 유방의 한과 항우의 초, 이렇게 셋이 천하를 삼등분할 계책에 대해 이야기했다. 그리고 "하늘이 주는 것을 받지 않으면 오히려 벌을 받게 될 것이며, 시기가 무르익었는데도 단행하지 않으면 오히려 화를 입을 것입니다"라고 역설했다.

그러자 한신은 유방이 자신을 후대해 주었고 이(利)를 좇아 의(義)를 저버리는 일이 어찌 가능하겠느냐며 의문을 표했다. "그것은 틀렸습니다" 하며 괴통은 목소리를 높였다.

"아무리 천하에 다 알려진 친한 관계라 해도 틀어지는 경우가 많습니다. 걱정은 욕심이 과해서 생기며, 사람 마음은 좀처럼 예측하기 어렵기 때문입니다. 당신이 유방에게 아무리 충성을 다 한다 해도 두 사람은 긴밀해질 수 없으며, 분쟁의 씨앗도 너무나 많습니다. 유방이 당신에게 아무 짓도 안 할 것이라는 생각은 잘못됐습니다" 하고 간곡히 설득했다.

괴통의 말에 따르면 '한신의 공적은 천하에 유일무이(천하에 둘도 없을 만큼 훌륭하다)하며, 지략은 불세출(좀처럼 이 세상에서 볼 수 없을 만큼 뛰어나다)' 이라는 것이다. 무용과 지략이 주군을 능가할 정도의 위인은 그 신변이 위태롭고, 공적이 천하를 뒤덮을 정도인 자는 주군의 치하를 받을 수 없다는 것이다.

"이 정도의 위력과 공적을 가진 자에게는 누구든지 조심스러울 수밖에 없습니다. 시기를 본다는 것은 사업의 성패를 가늠하는 계기인 이상 결단은 이지적인 판단이며, 의혹은 사업에 있어서 저해 요소입니다. 지혜로 잘 알고 있다 해도 결연히 행동으로 옮기지 않는 것은 모든 일의 화근이 됩니다. 아무리 흉포한 호랑이라도 순간 망설인다면 인간을 찌르는 벌이나 전갈의 위협에도 못 미치듯이 아무리 용맹한 용사라도 의심하여 주저한다면 범부의 결행에도 미치지 못하는 법입니다. 기회는 좀처럼 얻기 어려운 반면 잃기는 쉽습니다. 진정 지금이야말로 기회입니다. 기회는 두 번 다시 오지 않습니다. 자, 이제 제 이야기를 잘 생각해 보시고 결심하여 주십시오."

### 그야말로 공신이라면

하지만 한신은 시기를 놓쳤다. 유방이 누구보다 공을 많이 세운 자신으로부터 왕위를 빼앗지 않을 것이라고 과신하여 괴통의 진언을 듣지 않은 것이다.

과연 유방은 항우를 제거하자마자 바로 한신을 공격하여 그 부대를 빼앗는 데 성공했다. 정예부대가 떨어져 나간 한신은 더 이상 유방의 적이 아니었다. 그리고 유방은 그를 제왕의 자리에서 초왕의 자리로 옮겼다. 쇠락이 일사천리로 진행된 것이었다. 한신은 차라리 모반이라도 일으킬까 고민하다가는 이내 다시 유방을 찾아가 만나볼까, 또 만나면 잡히지나 않을까 전전긍긍하는 매일을 보냈다.

유방은 겉보기만큼 만만한 사내가 아니었다. 계책을 써서 한신을 포로로 잡은 후, 자신을 멸망시킬지도 모를 장수를 상대로 무장들의 재능을 품평한 적이 있었다. 유방이 한신에게 물었다.

"나 같은 사람은 몇 명의 병사 위에 군림할 장수일까?"
"폐하는 대략 10만 명의 장수감입니다."
"그대는 어떤가?"
"저는 많으면 많을수록 좋습니다."

그러자 유방은 웃으며 되물었다. 많으면 많을수록 좋다니, 그렇다면 너 정도 되는 장수가 어찌 내 포로가 됐는가 하고 말이다. 한신은 태연자약하게 대답했다.

"폐하는 병사들의 장수가 될 수는 없습니다만 장수들의 장수는 될 수 있습니다. 이것이야말로 제가 폐하의 포로가 된 까닭입니다."

유방은 중요한 순간에는 아무리 창업 공신이라도 숙청할 수 있는 냉혹함과 결단력을 가지고 있었다. 한신 추방의 배경에는 여후의 못된 지혜도 물론 포함되어 있었지만 말이다.

'가난한 시절의 친구는 잊어서는 안 된다. 조강지처는 집에서 내보내지 않는다' 는 말이 있다. 후한의 창시자인 광무제에게 송홍이라는 신하가 한 말이라고 한다. "가난한 시절의 친구를 어찌 잊을 수 있으며, 고생을 함께 해온 옛 아내를 어찌 쫓아낼 수 있겠습니까" 하고 말했던 것이다. 하지만 유방은 권력을 위협하는 옛 친구를 잘라내 버리기 위해, 권력을 확실히 다져줄 늙은 아내를 소중히 여겼던 것이다.

왕의 지위에서 회음후로 추락한 한신에게 유방은 "어떤 이가 공의 모반을 밀고했기 때문이다"라고 이유를 밝혔지만 그 사람이 바로 여후가 아닐까. 유방과 여후가 자신의 재능을 두려워하고 또 시기한다는 것을 알고 한신은 병을 구실로 조례에 나가지 않았다. 그리고 사람을 포섭하여 여후와 황태자를 배제하려 했지만 음모는 우연한 곳에서 드러났다.

거꾸로 한신을 속여 구속한 것은 여후와 소하의 용의주도한 사전 공작 때문이었다. 한신을 처음 유방에게 추천한 사람이 소하였다는 사실만 놓고 보면 그를 단죄할 역할을 소하가 연출했다는 것도 특별한 인연에 속하리라. 여후의 명령으로 포박당한 한신은 말했다. "아녀자에게 속은 게 분할 따름이다"라고. 한신은 결정적인 순간에 괴통의 헌책을 수용하지 않은 자신의 우유부단함을 후회했을 것이다.

사마천은 만약 한신이 도를 배워 겸허히 공을 자랑하지 않고 재능에 자만하지 않았더라면 한(漢)에 대한 공헌도는 주(周. 기원전 12세기부터 11세기에 출현한 고대 왕조)의 주공 단과 태공망 사이에 비견될 정도였을 것이며, 자자손손 대대로 번영했을 것이라고 말하고 있다. 하지만 주공에게는 여후에 필적할 만한 열녀가 없었다. 사마천이 여후의 무시무시한 질투와 증오를 언급하려 하지 않은 것은 전한시대 황실에 대한 배려일 것이다.

  초왕이었던 한신이 잡혔을 때 옛말이 그르지 않다고 했던 적이 있다. "교활한 토끼가 죽고 나면 사냥개도 잡혀 삶아지며, 높이 나는 새도 다 잡히고 나면 좋은 활도 광에 들어가며, 적국이 타파되면 그 신하도 망한다"라고. 날랜 토끼가 없어지고 나면 민첩한 개도 소용이 없어져 죽이게 되고, 하늘 높이 나는 새가 없어지면 좋은 활도 소용이 없어지게 된다. 적대할 나라가 없어지면 충신도 멸하고 만다는 한신의 체념이 녹아 있다. 이것은 사업의 발전, 그리고 창업주 일족의 번영이 이루어짐과 동시에 소외당하는 창업 당시의 연공서열 1위였던 고참 사원의 마음과 통할지도 모른다.

  하지만 창업주 일족의 결속도 영원한 게 아니듯 여후의 권력도 그리 오래가지는 못했다. 기원전 180년에 그녀가 죽자 바로 왕과 제후들로 가득했던 여 씨 일족은 남녀노소를 불문하고 모두 죽임을 당했기 때문이다. 한신으로서도 편안히 눈감았을지 모를 일이다.

# 3

# 맹렬한 라이벌 관계

군의관으로, 문인으로 자신을 향해 쏟아진 질투에 격렬하게 반응했던 모리 오가이는 평생 동안 온갖 수단을 사용한 방해공작의 한 가운데 있었다. 그런가 하면 일본 근대사의 중요인물이었던 곤도 이사미는 가장 가까웠던 동지를 질투심에 눈이 멀어 암살하기까지 한다.

# 맹렬한 라이벌 관계

### 출세를 위한 경쟁 속에서

모리 오가이[33]만큼 질투에 민감했던 남자도 없을 것이다. 메이지 시대 문단에서 명성을 떨친 오가이는 군의관이라는 특수한 직업 때문에 늘 타인의 시선을 느껴야 했다. 더 나아가 제국 육군이라는 관료의 세계에서도 언제나 눈에 띄는 존재였다.

당시는 병과(兵科)라고 부르기엔 좀 뭣할지 모르겠지만 위생부에서는 중장에 해당하는 군의총감이 최고의 자리였으며,

---

33) 森鷗外. 1862~1922. 일본의 소설가. 평론가. 번역가.

아무리 노력해도 대장까지는 오를 수 없었다. 군의관의 세계에서도 관료로서 육군성 의무과장이 최고의 자리였기에, 교육총감(육군 학교 교육의 최고 책임자)은커녕 본성의 차관이나 군무국장 같은 요직에 발탁될 리도 없었다.

오가이는 이런 극히 몇 안 되는 자리를 놓고 동기생 및 위아래의 사람들과 뼈를 깎는 가혹한 경쟁 사회 속에서 살고 있었던 것이다.

육군에 임관하고 나서부터 동기생 친구들조차 같은 자리를 노리는 경쟁상대로 인식하지 않을 수 없었던 오가이는 다른 사람들로부터도 질투의 대상이었지만 다른 사람들에 대한 본인의 질투심도 상당히 왕성했다.

오가이는 다른 사람의 소문과 험담을 무척이나 신경 쓰는 성격이었다. 세간의 평가에 유난히 민감해서 늘 자신이 타인의 악담이나 냉소, 공격 대상이 되고 있다고 생각했다. 분명 소문에 휘둘리는 타입이기는 했지만 오가이는 나름대로의 근거를 가지고 문학과 의학에 관련한 문제에 있어서만큼은 전투적인 자세로 격렬하게 반응했다.

오가이는 공공연한 비난이 아니라 '숨은 공격'에도 늘 주의를 게을리 하지 않았다. 오가이는 당시 문단에서도 음습한 질투를 받고 있었다. 이자와 란켄 같은 고증학자의 전기(傳

記)를 1916년 6월부터 다음 해 9월까지 도쿄니치니치신문과 오사카마이니치신문에 모두 371회에 걸쳐 장기 연재하자, 테마의 특수성과 지루함을 핑계 삼아 오가이의 작품을 '조롱' 하는 투서가 빗발쳤다.

오가이는 그 투서들의 이면에는 소극적인 멸시와 적극적인 질투가 담겨 있었다고 말했다. 아사히와 요미우리, 마이니치 같은 대형신문에 연재하는 일은 동업자들의 질투를 사기에 충분했다. 오가이의 해석에 따르면 자신 정도 되는 문호가 연재를 하는데 일반 독자들이 반감을 가져서 투서를 보냈을 리는 없고, 그렇다면 위와 같은 이유로 문단의 동업자들이 질투한 것이라는 소리였다.

마쓰모토 세이초[34]는 오가이의 질투심에 대해 참고가 될 만한 지적을 하고 있다.

"이것은 오가이의 자부심 때문이다. 그와 동시에 다른 이들로부터 공격을 받는다는 의식이 강하게 작용하고 있다. 오가이는 민감했다. 반박하는 버릇도 그 신경과민 때문이다. 일종의 피해의식이기도 하다."

오가이의 과잉한 피해의식은 평소 타인에 대한 반박으로

---

34) 松本淸張. 1909~1992. 일본의 소설가.

연결되었다. 그의 내부에 깃든 콤플렉스는 이뿐만이 아니었다. 오가이의 반박은 누군가의 성공과 영광을 미워하는 질투심으로 연결되어 신경과민으로까지 비치기도 했다.

### 은혜를 원수로 갚다

이제부터 이야기할 제12사단 군의부장으로 '좌천' 된 문제를 둘러싸고도 오가이의 반응은 과민했다.

이 사건의 바탕에는 육군으로 입대하던 당시의 사정이 깔려 있다. 1881년 도쿄대학 의학부를 졸업하던 그해 오가이의 동급생이던 에구치 노보루, 가코 쓰루도, 기쿠치 쓰네사부로, 고이케 마사나오, 다니구치 겐은 바로 육군에 들어갔다. 하지만 오가이는 독일 유학을 목표로 학교에 남았는데 성적이 그리 뛰어나지 못한 8등이었기 때문에 문부성 급비 유학생이 되지 못했다.

실의에 찬 오가이를 구원해 준 것은 고이케였다. 그는 군의본부 차장인 이시구로 다다노리에게 편지를 써 오가이의 육군 입대를 추천했다. 훗날 적이 되는 두 사람 덕분에 오가이는 군의부(중의상당관)가 된 것이다. 이처럼 여덟 살 연상이라고는 하지만 동기생이었던 고이케는 나중에 오가이의 독일 유학의 길도 열어 주었으니 어쩌면 오가이의 인간성에

회의를 느끼는 사람도 있을지 모른다.

　한편 오가이가 다른 사람의 질투와 시기에 골머리를 싸맬 정도로 예민해진 것은 베를린에 머물 때부터였다. 다른 또 한 명의 동기생이자 유학생 다니구치 겐은 질투가 유독 심한 사람인 모양이었다. 동료의 품행에 조금이라도 문제가 있다고 생각하면 상관에게 중상모략을 하여 그를 귀국시켜 버리는 음험함을 지니고 있었다. 그렇게 자신의 경쟁상대를 한 사람 추락시키는 것이 그의 생존방식이었다. 게다가 이 상관에게 독일인 여성을 소개하고 그 비밀을 공유함으로써 더욱 돈독한 사이를 유지했다.

　오가이 역시 그의 능력을 시기한 다니구치의 방해로 인한 희생자였다. 다니구치의 공작으로 그는 의학 연구를 중단하지 않을 수 없었고, 결국 독일군 부대에 들어가 군의관으로서의 실무를 배우게 되었다. 학자 스타일인 오가이 입장에서 봤을 때 군의관이라면 누구나 할 수 있을 법한 그 실무를 자신이 한다는 것, 그리고 자신을 그렇게 내몰도록 획책한 다니구치에게 내심 불만을 품고 있었을 것임에 틀림없다.

　그래도 동기생 중에서 승진 경쟁의 톱을 달린 것은 오가이와 고이케였다. 일등군의(대위상당관), 독일 유학, 이등군의정(중소좌상당관), 군의학교 교관으로 거의 앞뒤를 다투며 출세가도를 달려 올라갔다. 고이케가 여덟 살 연장자에 임관도 6개월 빠르고, 실의에 빠졌던 오가이를 육군으로 끌어들였다는 건 앞에서 이미 서술했다. 또한 공동으로 연구와 저작을 할 정도로 일찍이 두 사람은 친밀한 관계였고, 독일에서도 편지를 교환하던 사이였다.

두 사람의 우정에 파문이 인 것은 1894년 6월이었다고 한다. 아무리 신뢰하고 있는 사이라 하더라도 언제 어디선가 경쟁하게 될 숙명의 라이벌은 있게 마련이다. 오가이와 고이케의 사이가 그랬다. 먼저 싸움을 건 것은 오가이 쪽이었다.

오가이는 어느 의사 잡지에서 자신의 육군 입대를 추천한 고이케와 이시구로, 두 사람을 강하게 비꼬았던 것이다. 표면적으로 의학회의 보스들을 비판하면서 속으로는 군의제도를 정비한 의학회의 실력자 이시구로를 풍자하는 문장을 실었던 것이다.

## 군대의 적을 다시 문학의 적으로

그 전 해 1893년에 이시구로는 의무국장을 사퇴할 것을 결심하고 고이케를 후임으로 삼으려 했다. 얼마 안 있어 고이케는 의무국 제1과장이 되어 장래 국장을 예약한 상태였는데, 오가이는 군의학교 교장으로 밖으로 나가 있던 상태였으므로 이미 육군성 군의관의 중추 라인에서는 벗어나 있었다.

오가이는 이런 종류의 인사를 굴욕으로 받아들였다. 그리하여 오가이는 자신의 작품 《무희(舞姬)》를 통해 불만을 노골적으로 토로하였다.

이시구로는 오가이의 재능을 인정한 반면 군의관이 문학 활동을 하는 것을 탐탁지 않게 생각하는 메이지 시대의 군인이기도 했다.

'문학작품에 개인적인 감정을 실어 넣다니, 그다지 남자답지 못하다. 모리는 우리들의 추천으로 육군에 들어오지 않았던가. 대체 누구 덕분에 지금과 같은 길을 걸을 수 있었단 말인가. 좋다, 모리가 그렇게 나온다면 이쪽에도 생각이 있다.'

이시구로의 격앙된 감정을 짐작컨대 분명 이런 게 아니었을까.

게다가 오가이는 살면서 자신이 불이익을 당했다고 생각하면, 늘 자신의 평론이나 창작물 속에서 앙갚음하는 것을 주저하지 않았다. 군무(軍務)와 의무(醫務), 그 외길을 걷는 동료들 입장에서 보자면 참을 수 없는 일이었을 것이다. 그것은 옹고집 같은 게 아니었다. 다른 사람의 성공에 대해 이상하리만치 강한 질투심을 느끼는 성격인 것이다. 오가이가 한때 출세 코스에서 벗어나게 된 책임은 본인에게도 있었던 게 아닐까.

 아무리 연장자라고는 해도 경쟁상대일 수 있는 동기생으로서 오가이를 도와주었던 고이케만 하더라도 배려와 겸양의 미덕을 엿볼 수 있다. 그게 불가능했던 것은 오가이의 성격 때문이다. 메이지의 엘리트들은 막부 말기의 어지러운 정세 속에서 고향사람들의 기대를 한 몸에 받으며 살아왔다. 그리하여 오가이가 아니더라도 스스로 엘리트임을 자부하는 사람이라면 다른 지역 사람들과의 조정과 화해를 껄끄럽게 생각하기도 했을 것이다.

 그래도 고이케 쪽은 화해의 노력을 한 모양이었다. 동기생 중에서 톱을 달릴 정도의 남자이니만큼 그 정도의 배려심도 없다면 곤란하다. 고이케에게는 그런 종류의 껄끄러움을 피해 가는 본능이 있었을 것이다.

 다만 그것이 마음에서 우러나온 것이라고는 확신할 수 없다. 어느 시대든 앞에서 인사하고 헤어지면 바로 등에 대고 혀를 내미는 사람이 있다. 또한 친한 척하면서 웃는 얼굴로 라이벌을 추락시킬 기회를 엿보는 사람도 있다. 하지만 경쟁사회에서는 자신의 악의를 눈치 채도록 만들어서는 성공할 수 없다.

 고이케는 오가이를 여러 차례 찾아갔다. 그것이 형식상의 방문이었는지 아니면 성의를 가지고 찾아간 것이었는지는 누구도 알 수 없다. 오가이를 찾아간 고이케는, 지금 국장은 얼마 후 물러날 테니까 자신과 오가이, 그리고 기쿠치 셋이서 군의감(소장상당관)이 되어 함께 의무국을 쇄신해 나가자고 했다. 그러기 위해서 우선 자신이 국장이 될 텐데 이건 이해해 달라고 오가이에게 양해를 구했다. 오가이도 좋다고 대답했다고 한다.

### 인사권으로 철저히 대항

하지만 결과는 오가이의 기대를 완전히 배신했다.

1898년 8월 고이케가 군의감으로 의무국장이 된 것은 할 수 없는 일이었다. 하지만 그 후의 인사이동을 통해 군의감으로 승진한 것은 기쿠치와 다른 사람이었고, 오가이의 이름은 어디에도 없었다. 오가이는 근위사단 군의부장 겸 군의학교장이 됐지만 계급은 대좌에 해당하는 일등군의정 그대로였다. 당연히 인사권을 가진 고이케와 그 배후에 있는 이시구로의 악의를 사무치게 느꼈음에 틀림없다.

고이케와 기쿠치를 향한 분노와 질투를 억누르지 못하는 것이 오가이의 성격이었다. 신문 연재 중인 〈지혜 주머니〉라는 칼럼에 쓸데없이 '자신은 상사에게 인정도 못 받고 동료들과도 어울리지 못한 채 자신보다 재능 없는 자가 위에 있다'고까지 쓰고 말았다. 이시구로와 고이케가 이 기사를 봤다면 깜짝 놀랐을 것이다.

사실 오가이에게는 공정치 못한 부분이 많았다. 공적인 매체를 이용해 개인적인 울분을 털어놓은 것도 좋지 않았고, 자신의 일방적인 피해의식과 질투심을 허구나 에세이 등 자신의 창작물에 의지해 말하는 수법은 평생 변하지 않았다. 고이케들은 딱히 맞대응할 수도 없었고, 그렇다고 인사와 관련한 진상을 일일이 설명할 수도 없었다. 만약 그랬다가는 등장인물의 모델이 자신임을 스스로 인정하는 꼴이 되기 때문이었다. 이런 점이 문인의 강점이자 공무원의 약점인 것은 지금도 여전하다. 반론도 못하고 그렇다고 세상 사람들에게 이해를 구할 수도 없는 것이다.

이렇게 되자 오가이의 설봉(舌鋒)을 피하기 위해 그를 혼내주려면 어떻게 할 것인가 적대자들이 머리를 싸맨 것도 당연한 일이었다. 무엇보다 관료의 세계에는 인사와 업무 명령이라는 히든카드가 있다. 그걸 활용해 오가이로 하여금 자연스럽게 사표 쓰도록 하는 방법만 생각하면 되는 것이다.

1899년 6월 오가이는 제12사단 군의부장에 임명됐다. 도쿄 근위사단에서 오구라(小倉)에 있는 한 단계 아래 사단으로의 전근은 어떤 이유가 됐든 일단은 '좌천'이라 해도 좋았다. 러일전쟁을 앞두고 대륙과 가까운 지역이었던 만큼 오구라는 도쿄와 오사카 못지않은 요지였으니 전쟁을 앞둔 중요인사라고 생각할 수도 있었다. 하지만 이것은 상당히 억지스러운 해석일 것이다.

적어도 오가이 자신은 이 인사가 중요인사라고 생각하지 않았다. 인사를 단행하는 측에서는 어떤 미사여구든 다 동원할 수 있다. 하지만 오가이 마음속에 '좌천' 당했다는 피해의식이 강하게 자리 잡게 됐다는 사실이 중요하다.

'싫으면 육군을 그만두면 된다. 좋아하는 문예활동에 전념하면, 군의관 인사에 불만을 갖는 일은 없게 될 것이다.'

근위사단에서 같은 도쿄의 제1사단으로의 전임을 기대했던 오가이로 하여금 헛물을 켜게 만든 인사권을 발휘한 고이케들의 심정이 훤히 다 비치는 것 같지 않은가. 오가이의 성격을 다 파악하고 있던 남자들이 육군성의 질서를 앞세워 자연스럽게 군에서 물러나게 하려고 못된 수작을 꾸민 것이었다.

하지만 마찬가지로 오가이에게도 적의 수작이 훤히 다 보였을 테니 고분고분 말려들지는 않았다. 애독서였던 클라우제비츠[35]의 《전쟁론》에서 말하는 '약소국의 수동적 저항'의 방법을 공부하면서 고이케가 국장을 그만두는 등 그 일파의 세력이 약해질 날을 가만히 기다리기로 했던 것이다. 이렇게 하여 1902년 3월에 제1사단 군의부장으로 다시 돌아오는 데 성공했다.

그나저나 반감을 마음속에 품은 채 끈질기게 버틴 오가이의 강인함이 참으로 감탄스럽지 않은가.

### 하늘은 두 가지를 주었지만

이시구로와 고이케뿐만 아니라 오가이를 싫어했던 사람들은 그가 공무에는 전념하지 않고 개인적인 일만 한다는 비판을 반복했다.

오가이 입장에서 보자면 휴가가 아닌 다음에야 결근한 적은 한 번도 없었다. 글을 쓰는 것은 공무가 끝난 후의 여가와 여력을 이용한 시간뿐이었다. 하지만 반대파는 그렇게 생각하지 않았다. 여력이 있으면 공무에 쏟아야 하는 게 아니냐고 집요하게 물고 늘어졌다. 오가이는 그렇다면 공무를 끝낸 후 회식이나 요정 같은 데 출입하는 것은 괜찮은 거냐고 반박도 했다.

오가이가 미워했던 것은 자신이 소설가라서 육군의 중요

---

35) Carl von Clausewitz, 1780~1831. 프로이센의 군인.

직책을 맡을 수 없다는 중상모략이었다. 라이벌을 밀어내기 위해서는 어떤 수단 방법이든 다 쓰는 법이다. 문학가로서의 명성, 본봉 못지않은 부수입, 폭넓은 교제 범위, 전 세계를 두루 아우르는 교양과 상당한 외국어 능력. 동료들 보기에는 무엇 하나 질투와 시기의 대상이 아닌 것이 없었다. 질투심 많은 동료들 입장에 서보면 그들의 심정을 헤아리지 못할 것도 없다.

'모리 군, 문예와 학술로도 일가를 이루고 있는 자네이니 이쯤해서 후진들에게 길을 양보해 줄 수는 없겠는가. 실례인 줄은 알지만, 이 자리에서 물러난다 해도 자네의 생활에 지장은 없을 테지. 사단이나 의무국에 자리가 그리 많지 않은 것은 잘 알걸세. 인사의 적체가 심각하네. 내 제안을 받아줄 수는 없겠는가. 부탁하네.'

이런 대화도 실제 주고받았음에 틀림없다. 하지만 오가이는 의학자이면서도 군인이라는 관료 이외의 자신의 모습을 상상할 수 없었던 사람이었다. 아쿠타가와 류노스케[36]는 아니었지만 '어쩔 수 없이 오가이 선생은 군복에 칼을 차고 있는 예술적인 아테네인이다'라는 말을 들을 수밖에 없었던 것이다. 그는 군인이라는 자신의 본 업무와 문학의 관계에

---

36) 芥川龍之介. 1892~1927. 일본의 소설가.

대해서도 독특한 사고방식을 가지고 있었다.

고이케와 이시구로에게 오가이의 문학이 전부 다 불쾌했던 것은 아니었다. 참을 수 없었던 것은 너무 심한 내용들뿐이었다. 그야말로 "제삼자는 전혀 알 수 없지만 고이케들은 바로 알 수 있다. 이것이 또한 오가이의 방법이었다"라고 말할 정도였다. 어느 에세이에 '친구가 변해 적이 된다. 이게 적의 가장 두려운 점이다'라고 쓴 것을 보고 고이케도 오가이와 화해할 마음이 싹 사라졌을 것이다.

1904년 2월에 러일전쟁이 일어나자 오가이는 제2군 군의부장으로서 출정했지만 고이케의 용의주도함도 만만치 않았다. 의무국장을 겸한 채 야전위생장관이 되었다가 총 병참부가 생기자 자신이 직접 총 군의부장이 되어 오가이가 전선에서 최고 책임자가 되는 것을 방해했던 것이다.

전후의 논공행상에서도 고이케는 일부러 오가이에게 굴욕을 맛보게 하려고 이리저리 손을 써서 오가이의 공적 순위를 깎아내렸다. 그 결과 자신은 남작이 됐는데, 오가이로부터는 그럴 근거들을 용의주도하게 미리 차단해 버렸던 것이다.

### 집념의 결정체

이쯤 되자 오가이도 승부수를 띄웠다. 그것도 권력층에 붙어서.

메이지 시대 육군의 최고 실력자 야마가타 아리토모[37]에게 접근한 것이다. 도키와카이(常磐會)라는 시 낭송 모임에 출석해 초슈 출신인 야마가타의 비위를 맞춰주면서 야마가타파의 힘에 기대 이시구로와 고이케의 방해공작에 대비하려 했던 것이다. 이시구로와 고이케 같은 인물은 야마가타 앞에 서면 바람 앞의 촛불 같은 존재일 수밖에 없었다.

마침내 오가이는 야마가타와의 인연을 기초로 총리대신과 육군대신도 알게 되었다. 재임 기간 9년을 넘긴 고이케 군무국장은 마지못해 오가이를 후임으로 인정하지 않을 수 없었다. 게다가 인사에 관한 고이케의 바람은 오가이에게 전부 거절당했다. 그야말로 9년 동안의 굴욕을 단숨에 날려버리는 일이었을 게다. 오가이의 질투와 집념의 결정체였다.

오가이의 방법은 명예롭지 못했다. 울타리 밖의 권세에 기대어 출세한 것이므로 그리 권장할 만한 방법이 아니다. 이런 방법은 반드시 여기저기에서 반발과 파문을 불러온다. 나는 이것이야말로 오가이가 가조쿠[38]가 되지 못한 큰 원인이

---

37) 山縣有朋. 1838~1922. 일본의 군인이자 정치가. 육군대장과 원수를 역임했다.
38) 華族. 메이지 시대에 공작, 후작 등의 작위를 가진 자.

라고 생각한다.

세간의 평판을 너무 신경 쓴 나머지 본인 스스로 너무 계산적이 된 게 오가이의 단점이었다. 아마가타의 힘이 약해진 것이나 그의 죽음과도 아주 관계가 없는 건 아니었을 테지만 사람들의 질투와 혐오감을 너무 자극하면 반감뿐만 아니라 적극적인 방해를 불러오게 된다. 진정으로 다른 사람들의 질투를 피하고 싶었다면 오가이는 침묵했어야 한다.

오가이의 최종적인 좌절은 직장생활에서 승진하려는 사람들에게 넘치는 재주와 재능이 때로는 방해가 된다는 것을 시사하고 있다. 또한 권문세가와의 왕래도 반드시 좋은 것만은 아니다. 고이케는 성실하게 군무에 임했다. 육군 군의관 관료로서는 이것이 당연한 일이다. 오가이처럼 문학적 재능이 있어도 본 업무의 승진과 평가에 그것이 반영되지는 않는다. 또한 상식을 뛰어넘어 또 다른 재능이 인정받는다는 것은 부자연스러운 일이다. 그것이 관료기구라는 것이다.

### 만족을 몰랐던 남자의 좌절

오가이를 보고 있으면 자존심과 자부심 덩어리라는 생각이 든다.

그야말로 오가이는 육군 위생에 대한 공헌뿐만 아니라 문학세계에서도 금자탑을 쌓았다. 이것은 과찬의 말이 아닐 것이다. 하지만 양쪽 모두에 다 재능이 있었다는 것을 평가하는 건 오가이일까, 아니면 다른 사람들일까. 다른 사람들에 의한 평가가 당연히 중요할 것이다. 오가이는 본인 자신이 너무 많은 말을 했다.

질투가 심했던 것은 고이케들뿐만이 아니었다. 문학에 빠져 일을 게을리 한다는 비난의 목소리는 오가이 평생을 따라다녔다. 한밤중과 휴일에만 글을 쓰고 일할 때는 최선을 다했다 해도 질투는 그치지 않았다.

'일을 게을리 하며 근무 중에도 늘 소설에 대해 생각하니까 그렇게 쓸 수 있는 거야. 그 정도는 조금만 일을 등한시하면 우리도 다 쓸 수 있다고.'

이런 종류의 속닥거림이 여기저기에서 들려왔을 게 틀림없다.

다른 사람들은 여흥이나 음주 등으로 시간을 헛되이 써도 뭐라고 하지 않는다. 일본의 조직에서는 상사와 동료의 사이나 사람들과의 화합이야말로 최우선 과제인 것이다. 거기에 포함되지 않는 자립적인 인간은 성공하면 성공할수록 질투와 시기의 대상이 된다. 그뿐만 아니라 늘 동료나 후배들에게 자신의 자리를 양보하도록 강요받는다. 이런 게 인지상정이라면 오가이는 자신의 반발을 노골적으로 드러낼 필요는 전혀 없었던 것이다. 오히려 상사와 동료의 질투심을 더욱 돋우는 일을 경계했어야 한다.

어느 시대든 상사와 상관이라는 것은 누가 됐든 아랫사람이 자신을 뛰어넘는 걸 탐탁지 않게 여긴다. 뒤에서 험담을 하는 사람은 그만큼 그릇이 작다고 치부해 버리면 그만이다. 하지만 이 세상이나 조직에 압도적으로 많은 것은 자신의 능력에 나름대로 자신감을 가진 사람이다. 어느 시대든 관공서나 회사에서 어느 지위에 올라선 사람들은 자신이 없으면 조직은 돌아가지 않을 것이라고 은밀히 자부하고 있다. 그리고 그들은 일단 지위를 획득하면 자신의 그 지위를 다른 사람에게 빼앗기지 않으려고 필사적이 된다.

이것은 엘리트 집단이든 비슷한 수준의 조직이든 다 마찬가지다. 아무리 뛰어난 엘리트 집단이라 해도 어리석은 사람이 반드시 있기 때문이다.

오가이는 그토록 바라던 남작은 되지 못했다. 마지막 순간 좌절을 통감한 것이다. '나는 이와미 사람 모리 오가이로 죽고 싶다'는 고독한 유서의 문장은 애써 꾸며댄 것만은 아니었다. 이 유서의 내용은 갖고 싶었던 것을 얻지 못한 허무함을 느끼게 하는 반면 왠지 그가 물욕에 연연하는 사람이었다는 것도 느끼게 한다.

오가이에게 남작이 수여되지 않은 것은 그를 질투하고 험담하는 사람들이 얼마나 많은지를 간접적으로 증명하고 있는 게 아닐까. 아니, 그 이상으로 오가이에게는 소인배들이 지배하는 현실을 너무 가볍게 보는 경향이 있었다.

오가이는 바이마르공국의 재상이자 문필가였던 괴테나 동향인 쓰와노(津和野)의 선배이며 의학부터 철학까지 폭넓은 영역에서 성공을 이룬 니시 아마네를 이상형으로 삼았다고 한다. 오가이는 비운과 좌절을 극복하고 그 자리까지 잘 올라갔다고 스스로 만족해야 했을 것이다. 다시 한 번 더 말하거니와 모리 오가이에게 부족했던 점은 질투의 대상으로서 당당히 침묵할 용기였다.

### 그릇의 차이

오가이의 자신감을 보고 있으면 무심코 고대 전기작가인 플루타르코스의 말이 떠오른다.

내용인즉슨 세상 사람들은 저술가든 변론가든 지혜가 있다고 불리는 사람들에게 진절머리를 낸다는 것이다. 게다가 그런 사람은 다른 사람이 굶주리고 있을 때 굳이 자신의 식사 모습을 보여주어 상대의 공복을 더욱 자극한다. 마찬가지로 명예욕을 참지 못하는 타입의 사람은 옆 사람이 칭찬의 말을 들으면 질투로 불타오른다고 플루타르코스는 서술하고 있다.

도쿠가와 요시노부의 대정봉환[39] 직후에 나온 이토 기네타로[40]의 건백서[41]를 읽어 보면 플루타르코스가 말하는 질투의 불꽃이 곤도 이사미[42]의 마음속에도 타오르고 있었던 게 아닐까 싶어진다.

핵심은, 쌍수를 들어 대정봉환을 환영한 이토와 대정봉환을 '군욕신사(君辱臣死. 군주가 욕을 보면 신하가 죽는다)' 라고 하여 막부 체제로 다시 정세를 만회하려 한 곤도의 정치 감각의 차이뿐만이 아니다. 히타치(常陸) 출신의 이토는 호쿠신잇토류[43]의 검객이자 동시에 미토학[44]에도 능통했다. 신센구미[45]에서는 문학사범을 맡았던 일도 있었으므로 산타마(三多摩)에서 자란 곤도와는 태생적으로 달랐다고 말해도 좋다.

---

39) 大政奉還. 1867년 정권을 천황에게로 되돌리려 한 일.
40) 伊東甲子太郎. ?~1867. 일본 막말의 지사.
41) 建白書. 관청이나 윗사람에게 전하는 의견을 적은 서류.
42) 近藤勇. 1834~1868. 에도 말기의 가신. 신센구미의 대장.
43) 北辰一刀流. 막부 말기의 3검사 중 한 명인 치바 슈사쿠가 창시한 검술의 하나.
44) 水戸學. 막부 말기 미토번에서 유학을 중시하던 학파의 학문.
45) 新選組. 신센구미는 일본 에도 시대 말기인 1853년에 조직된 무사 조직이다. 원래는 교토로 가는 쇼군의 신변보호를 목적으로 조직되었으나 이후 교토의 치안유지를 목적으로 활동을 하였으며 막부에 반대하는 세력과 싸웠다.

어제까지 신센구미의 국장과 참모라는 중책을 맡아 막말 정세의 변화에 대응해 온 두 사람은 양이론(攘夷論)이라는 기치 아래서는 서로 협력할 수 있었지만 새로운 정치 비전을 언어로 묘사하게 되는 단계에 이르러서는 상당한 거리감을 느꼈음에 틀림없다. 특히 곤도 이사미는 이토 기네타로의 웅변 재능, 그리고 뛰어난 구상력과 문장력에도 미칠 듯한 질투를 느꼈다.

그만큼 이토의 건백서는 당당했고, 비할 데 없는 자신감으로 가득했다.

### 옛 친구 말살의 진상

'대개국(大開國)'이란 말이 있다. 최근의 연구에 따르면 일본에서 '대개국'이란 구미의 아시아 침략에 대항하여 힘을 기르면서 개국을 한다는 의미로서, 도쿠가와 막부의 '굴욕적인 개국론'과는 사뭇 다르다.

이토의 논지는 독특한 공경정권론(公卿政權論)이었다. 그것은 곤도가 기대했던 막부에 대한 정권위임론이 아니었고, 그렇다고 삿초[46] 중심의 정권 구상도 아니었다. 또한 다이묘

---

46) 사쓰마번과 초슈번을 일컬음.

에 의한 전국회의의 소집과도 이질적인 부분이 있었다. 이토가 말하는 '공경정권론'이란 다이묘와 사무라이의 합의가 아닌, 조정과 공경⁴⁷⁾에 의한 정치였던 것이다. 삿초 중심이 아닌 공경 중심의 왕정복고는 고키나이(五畿內)를 직할령으로 천하를 호령한다는 주장을 취하면서도 그다지 무리 없는 정치 구상이라 할 만하다.

다만 공경들이 현실정치를 움직일 힘이 있느냐 하는 의문은 든다. 그래서 전 신센구미부터 시작해 현재의 이토 기네타로 이하의 낭인들을 잘 활용해야 한다는 이야기가 나오게 된 것이다. 건백서에 낭인 운운하는 말은 쓰여 있지 않지만 이토의 장대한 야망을 바탕으로 한 공경정권론은 조정과 공경을 업신여기는 삿초의 정권 구상과는 애초부터 다른 것이었다.

곤도 이사미는 이토 기네타로의 장대한 구상을 알게 되었을 때 적수가 못 된다고 생각했을까. 아니면 "까짓것!" 하고 소리쳤을까. 역사는 아무 말도 하지 않는다.

애당초 곤도에게는 동지를 부하나 가신처럼 낮춰 보는 안

---

47) 조정의 신하를 말함.
48) 永倉新八. 1839~1915. 신센구미 2번대 조장.
49) 齊藤一. 1844~1915. 신센구미의 무사.
50) 原田左之助. 1840~1868. 신센구미 10번대 조장.

좋은 버릇이 있었던 것 같다. 교토에 있었을 때도 나가쿠라 신바치[48], 사이토 하지메[49], 하라다 사노스케[50] 같은 부장, 대장급들을 하인처럼 다루어 물의를 빚은 적도 있었다. 나가쿠라들의 활약이 마음에 들지 않았던 것이다.

곤도 이사미는 에도로 돌아와서도 나가쿠라와 하라다에게 자신의 가신이 되지 않으면 행동을 함께 하지 않겠다며 몹시 화를 냈다. 동지에게 질투를 느낀 것이다. '거만해지는 일 없이 조직의 수장에 어울리는 원만한 성격을 갖추도록 노력만 했다면' 이토의 분리 독립이나 나가쿠라와의 결별도 없었을지 모른다.

어쨌든 곤도의 마음속 깊은 곳에는 자신이 직접 에도로 돌아와 스카우트한 인물인 만큼 야망에 불타는 이토의 재능에 질투심을 느꼈을 것이다. 이토 입장에서도 신센구미라는 조직을 디딤대로 삼아 자신의 경륜을 실현시키려는 야심이 있었다. 공공연한 정치적 대립과 파벌의 증오뿐만 아니라 개인적 질투심 같은 걸 고려해 넣지 않으면 곤도에 의한 이토의 비겁한 참살도 이해할 수 없을지 모른다.

곤도는 이토를 첩의 집으로 불러 향응을 제공해 방심하게 만든 후 취해 돌아가는 길에 암살했다. 더욱 무자비했던 것은 이토의 사체를 가지러 온 동료들을 아부라노코지 대로와 시치조 거리(油小路七條)에 숨어 있다가 태반을 암살한 사실이다.

증오와 질투가 결합하면 인간은 매우 간교해진다.

## 4

# 주인의 은총이 초래하는 것

순사(殉死)를 허용하지 않았을 만큼 중용되었던 아베 일족은 결국 모두가 죽음에 이르게 되고, 히틀러와 롬멜의 밀월관계도 마침내 불행한 결말을 맞이한다. 오늘날의 회사 생활에서도 상사의 편애가 심하면 심할수록 질투로 인한 비극이 초래될 수 있다.

# 주인의 은총이
## 초래하는 것

### 순사(殉死)를 둘러싼 비극

자신이 임용한 사람들은 오랫동안 그들의 직분을 다하는 도중에 다른 이들의 원한을 샀다. 적어도 시기의 대상이 됐음에는 틀림없다. 그렇다면 굳이 그들에게 오래 살라고 말하는 것은 좋은 생각이 아닌지도 모른다. 순사를 허용해준 것은 자비였는지도 모른다. 이렇게 생각하자 다다요시는 약간의 위안을 얻은 듯한 기분이 되었다.

이것은 모리 오가이가 쓴 《아베 일족》 중에서 임종에 임박

하여 구마모토(熊本)의 번주 호소카와 다다요시가 과거를 술회하는 내용의 한 대목이다.

절대적 인사권자의 편애로 중용된 인물은 동료의 질투와 시기를 각오해야만 한다. 순사(殉死)란 스스로 목숨을 끊음으로써 사람들의 질투를 해소하고, 자손들이 살아가는 데 방해가 되지 않도록 하기 위한 사무라이의 지혜였는지도 모른다. 순사가 '자비'라는 다다요시의 술회는 그것이 인간관계의 정화(淨化)로서 작용한다는 것을 이야기하고 있다.

하지만 순사에는 주군의 허가가 필요하다. 아무리 총애를 받고 있었던 자라도 '오이바라[51]'의 허가가 안 나오는 경우도 있다. 히고 구마모토번에서 천백 석 규모의 거물이었던 소설 속의 아베 미치노부도 그 한 사람이었다.

아베 미치노부는 주군의 엄명에 의해 할복하지 못했다. 주군의 명령이라고는 하지만 살아 있다 보면 사람들은 뒤에서 비난 섞인 말을 하게 된다. 이윽고 증오까지 끼어든다. 게다가 미치노부의 다섯 아들 중 세 명에게는 전쟁에서 세운 공로에 따라 각각 2백 석씩을 주었다. 아베 일족은 다 합쳐 천5백 석 이상의 녹봉을 받았으니 다다요시의 파격적인 총애를

---

51) 追腹. 신하가 주군의 죽음을 슬퍼하여 뒤따라 할복자살하는 것.

받았던 것은 틀림이 없다.

하지만 다다요시는 사람들의 질투를 해소하기 위해 순사를 간절히 원한 미치노부에게 자신의 아들인 미쓰나오를 모시도록 명령했다. 미치노부는 스스로 죽을 수도 없었던 것이다. 여기에서 비극은 싹텄다.

허락이 떨어지지 않았음에도 잘만 산다는 비난이야 그렇다 치더라도 "아베의 뱃가죽은 다른 사람하고는 다를 것 같아. 호리병에 그 기름을 담았다 쓰면 좋겠는데"라는 말까지 듣는 지경에 이르러서는 사무라이로서 도저히 배를 가르지 않을 수 없었다.

아베 미치노부가 죽은 후 후계자가 된 곤베는 낮은 지위 때문에 과거의 녹봉을 그대로 다 이어받지 못했다. 결국 동생들도 모두 분가하고 이어서 동료들로부터 따돌림까지 당하게 되자 곤베는 다다요시의 1주기 법요식에서 자신의 상투를 잘라 위패 앞에 바쳤다. 드문 일은 아니었지만 새로운 주군인 미쓰나오 입장에서 보자면 자기 바로 앞에서 그러는 게 제법 불쾌한 소행으로 받아들여졌다. 곤베는 교수형에 처해졌다.

하지만 아베 일족의 입장에서 보자면 할복도 아니고, 마치 도적처럼 교수형을 받았다는 것은 무사로서 명예에 어긋나는 일이었다. 일족은 미쓰나오와의 전면전을 불사하고 곤베의 시체를 찾아왔다. 이에 격분한 미쓰나오는 아베 일족을 모두 죽이라며 토벌대를 보냈다. 역설적이게도 토벌대를 이끌고 간 다케노우치 가즈마 역시 미쓰나오의 총신인 하야시 게키의 질투로 인해 죽음을 각오한 인물이었다.

게키는 "가즈마는 선대로부터 파격적인 대접을 받은 사람이다. 은혜를 갚을 수 있도록 저자를 보내라"라고 능청스럽게 말했다. 그러자 게키의 속내와 질투를 눈치 챈 가즈마는 "흠" 하며 "좋다. 죽을 때까지 해보겠다"라고 미간에 주름을 모으며 말했다.

게키는 선대의 총애를 받은 주제에 순사하지 않았던 가즈마를 목숨이 어떻게 될지 알 수 없는 곳으로 보내라고 했던 것이다. 이것도 가즈마에 대한 게키의 질투심의 음험한 발로라고 할 수 있다. 이 지경에 이르면 사무라이로서는 목숨을 아까워할 수가 없다. 소설의 결말에서 아베 일족은 남녀노소를 불문하고 모두 죽었고, 다케노우치 가즈마도 전사하고 말았다.

《아베 일족》이라는 소설을 통해 사무라이의 질투심이 얼핏 엿보인 것은 작가인 오가이가 질투에 있어 누구보다 민감했기 때문인지도 모른다.

### 은총이 원수가 되다

일본의 실업계에서도 후원자나 권력자가 실각하거나 죽고 나면 그 뒤를 이어받은 경영자와 사원들이 주변사람들의 질투로 인해 곤혹스러워하는 경우를 심심치 않게 볼 수 있다.

예를 들면 메이지 첫 해에 양서와 양품 판매를 주로 한 마루젠(丸善)의 창업자 나카무라 미치타는 요코하마쇼킨은행의 창업자이기도 했다. 나카무라의 업적은 일본의 지식과 금융의 역사에 찬란히 빛난다. 하지만 나카무라는 당시 참의로서 이토 히로부미들과 대립했던 오쿠마 시게노부의 강력한 비호를 받았기 때문에 1881년의 정변에서 오쿠마가 하야하자 요코하마쇼킨은행에서 쫓겨나고 말았다.

이것은 호시제약과 호시약과대학의 토대를 만든 호시 하지메 (콩트 소설가 호시 신이치의 부친)의 경우와 유사하다. 호시는 동업자의 질투로 인해 대만총독 등을 역임한 후원자 고토 신페이[52] 실각 후에 가토 다카아키 수상을 비롯 미쓰비시 재벌과 헌정회의 부당한 간섭으로 사업을 망쳤던 것이다. 고토는 미쓰이 재벌과 가까운 정우회의 정치가로 간주됐기 때문이다.

---

[52] 後藤新平. 1857~1929. 일본의 정치가로 만주철도 초대 총재.

콜롬비아대학에서 경제학과 통계학을 배운 호시는 모르핀 정제를 중심으로 사업을 확대하여 세계 각지에 이름을 떨쳤다. 호시는 그 적극적인 광고 선전으로 한때는 '일본의 제약왕'이라고까지 불렸다. 하지만 호시의 독특한 자유주의 경영철학은 그 비약적인 성공을 시기한 동업자들과 보신제일주의의 관료, 검사들의 반감을 샀고, 결국 집요한 공격을 받기에 이르렀다. 호시 신이치는 아버지에게 쏟아진 음험한 공격에 대해 다음과 같이 묘사했다.

> 호시의 성공을 보고 자신도 모르핀을 제조하고 싶어 견딜 수 없었던 동업자들의 선망과 질투. 또한 공무원들이 품고 있던 권력욕과 복수심. 이 두 가지는 쉽게 소멸되지 않을 뿐만 아니라 더욱 긴밀하게 묶여 말도 되지 않는 형태로 음모를 꾸몄던 것이다.

덩치가 작은 라이벌들은 독립적인 경영자 나카무라나 호시와 정계의 관계를 불필요하게 과장, 두 사람을 실각시키기에 이르렀다.

현대 실업계에서도 일인 오너 경영의 회사에서는 탁월한 한 명이 정상적인 단계를 거치지 않고 말단에서 바로 사장으로 취임하는 경우도 많다. 마쓰시타 코노스케가 건재했을 때 마쓰시타전기 사장이 된 야마시타 토시히코는 중역 스물여섯 명 가운데 스물다섯 번째 평이사였다.

당연히 이런 인물은 선임인 고참 중역들로부터 강한 반감을 산다. 하지만 자신을 믿어 발탁해줄 정도의 역량과 카리스마를 가진 절대적인 권력자의 의지가 있다면 선배나 동료의 질투도 희미해져 버린다. 더 나아가 후배에 대한 불쾌한 질투나 시기는 일소에 부쳐질 것이다.

### 비주류라는 공통점

히틀러와 롬멜 원수의 관계를 시기하는 장군들의 예는 매우 흥미롭다. 롬멜은 제2차 세계대전 도중에 북아프리카 전선에서 전차를 자유자재로 구사하여 '사막의 여우'라는 별명이 붙은 독일 군인이다.

롬멜은 이집트를 함락시키고, 카프카스 방면에서 오는 우군과 이라크에서 합류하여 영국의 심장부인 인도에 압력을 가하는 장대한 청사진을 그리고 있었다. 영국은 엘 알라메인 전투에서 몽고메리 장군이, 보급선이 길어진 롬멜을 격퇴하기까지 계속 끌려 다니고 있었다.

롬멜은 성격상 결점투성이에 예상외로 불쾌한 인물로 군림한 존재다. 하지만 누구나 이 인물과 충돌하고 싶어 하지 않았다. (중략) 제일 높은 곳에 있는 분이 지지하고 있었기 때문이다. (귀도 크놉Guido Knopp《히틀러의 전사들》)

이것은 독일 육군 참모총장인 프란츠 할더가 1941년 7월 6일에 쓴 일기로, 분한 마음에 쓴 글이다. 부러움과 함께 질투의 냄새가 풍긴다. 이 글 속의 '그분'이란 두말할 나위 없이 히틀러를 가리키고 있기 때문이다.

실제로 처음 만났을 때부터 히틀러와 롬멜 두 사람은 뜻이 잘 맞았던 모양이다. 화가 수업에 좌절했던 '전 보헤미아의 하사관'과 독일 남부의 교양 시민층에서 태어난 저돌적인 장군은 전세 파악 능력이 뛰어나 출세한 뒤에도 병사로서의 현장 감각을 잃지 않았다. 그들은 프로이센의 융카(엘베강 동쪽의 지주 귀족) 엘리트로 구성된 주류 군인들과는 아무런 상관도 없었던 것이다.

독일 제국의 과거 분위기가 감도는 귀족풍 장군들 앞에서는 두 사람 다 편치 못했다. 한편 두 사람의 친밀한 관계는 군 상층부의 엘리트들 사이에서 바로 주목을 끌었고, 마침내 급속한 승진을 한 롬멜은 선임자들의 경계대상이 됐다.

롬멜에 대한 히틀러의 총애는 3세기 중국, 오나라의 손권과 육손의 관계를 연상시킨다. 육손은 적에게조차 '손자와 오자에게도 뒤지지 않을 병법가'라고 칭송받던 전략가로, 손권의 뜻을 받들어 요지였던 형주를 진압한 뒤 촉나라의 호걸 관우를 잡았다. 이로써 시대는 본격적인 삼국정립을 향해 움직여갔던 것이다.

손권은 3세기 새로운 정세에 대응하기 위해 육손을 대도독, 우호군, 진서장군으로 임명했다. 현대의 미국이었다면 통합참모본부장과 중앙군사령관과 NATO군사령관을 겸하는 자리였다고나 할까. 적벽대전에서도 평범한 역할밖에 담당하지 않았던 육손의 출세에 대해 고참 장군들 사이에서는 질투와 불만이 일었다.

그것을 억누른 것은 손권의 절대의지였다. 육손에게는 명령에 불복종하는 자를 참할 권한마저 주어졌다. 그래도 질투심은 악성 초목처럼 땅속 깊이 뿌리를 내려서 그것을 제거하는 것이 쉽지 않았다. 작전 때마다 고참 장군들은 반감을 드러냈지만 육손은 실력으로 불만을 잠재웠다.

### 파격적인 승진

히틀러에 의해 발탁된 롬멜도 참모본부에서 정규 교육을 받지 않은 야전지휘관이었지만 책상보다 전장에서 상황의 변화에 대응하는 전술을 임기응변으로 수립하는 데 천재였다. 1939년 프랑스와의 전쟁이 시작되자 늘 독단적으로 승리와 연결되는 결정을 내렸다.

그의 행동은 장갑사단의 새로운 운용술에 길을 열었다고는 하지만, 상관으로서는 탐탁지 않을 수밖에 없었다. 바로 밑의 부하들로부터는 존경을 받아도 사단과 군단 단위의 대규모 병력을 잘 지휘해야 할 상급지휘관 입장에서는 작전에 어긋난다며 반발을 샀다. 할더 참모총장은 롬멜을 '미친 장군'이라고까지 매도했을 정도였다.

하지만 뭐니 뭐니 해도 전과(戰果)는 최대의 성공.

롬멜은 자신의 군사적 천성을 끌어내줄 인물을 국방군 선임자가 아닌 나치당의 독재자에게서 찾아냈다. 결국 북아프리카 전선의 사막에서 위기에 빠진 이탈리아군을 구출할 임무를 부여받은 것은 귀족 출신의 우아한 장군이 아닌, 군 상층부의 폐쇄적인 그룹으로부터 소외되어 있던 '허풍 장군'이었던 것이다.

롬멜은 육군 중장에 임명되고 나서 곧바로 북아프리카에서 영국군에게 커다란 타격을 입혔고 또 얼마 안 있어 대장이 되었다. 그야말로 '장갑병 대장'으로서 독일과 이탈리아 양국군 10개 사단을 지휘하는 몸이 된 것이다. 그래도 롬멜은 늘 전차와 정찰비행기를 타고 최전선에서 전투를 지휘했고, 자신도 모르는 사이에 적진 한복판에서 헤매는 신세가 되곤 했다.

히틀러의 축사와 총애는 롬멜 적대자들의 질투심을 자극했다. 실제로 롬멜은 3년 동안 다섯 번의 승진을 한, 전대미문의 쾌거를 이루었다. 국방군 최연소 상급 대장이 된 지 얼마 지나지 않아 롬멜은 1942년 토브르크 작전의 성공으로 원수가 되었고, 최고의 명예인 검부백엽기사십자훈장을 수여(곧 이어 다이아몬드훈장도 추가)받았던 것이다.

일본의 육군은 독일로부터 많은 것을 배웠으면서도 신상필벌과 전시에서의 승진 같은 능력주의는 바로 실현할 수 없었다. 일본에서는 그만큼 조직 내부에 롬멜 같은 특별한 인재를 만들지 않으며, 선배들과의 격렬한 알력을 만들지 않는다는 걸 나름의 전통으로 만들어 놓고 있었다.

### 형식을 파괴하는 스타에 대한 평가

놀랍게도 롬멜의 재능에 대한 두려움과 질투는 적들에게도 마찬가지였다. 독일군 손에 넘어간 영국군 오킨렉 장군의 명령서는 지금도 여전히 전설로 여겨진다.

우리 부대가 롬멜을 과도하게 화제로 삼는데, 이는 우리의 친구인 그가 우리에게는 마술사이거나 요괴처럼 신비의 대상이 돼버릴 우려가 분명히 있다. 리비아에 있는 적군을 공격할 때는 '롬멜'이라는 말을 절대 사용해서는 안 된다는 점이 매우 중요하다. 이것은 심리적 관점에서 대단한 의미가 있다.
추신. 나는 롬멜을 질투하고 있는 게 아니다.(《히틀러의 전사들》)

이 추신이 모든 것을 말하고 있다. 질투와 뒤섞인 반감은 틀에 박히지 않은 롬멜을 싫어하는 독일 상관들 사이에서 매우 들끓고 있었다. 군에는 독자적인 명령 계통과 지휘 질서라는 것이 있다. 상하 관계와 시스템을 무시하고 전지전능한 명령권자인 히틀러와 직접 연결돼 있는 롬멜은 관료기구로서의 국방군 입장에서 보면 싫어할 만한 존재인 것도 당연했을 것이다.

이토록 급속한 군력과 계급의 상승을 이룩한 장군, 화려한 인기를 국민들 사이에서 자랑한 스타, 그리고 무제한의 권력을 가진 독재자의 총애를 한 몸에 받은 자가 무사히 인생을 끝마쳤을 리가 없다. 롬멜처럼 인사권자로부터 파격적인 총애를 받는 자는 조직과 규율을 파괴하는 이단아로서 악의에 찬 환경에 놓이게 되기 때문이다.

롬멜에게 다소의 여유가 있었다면 적절한 평가에 만족하면서 지나친 인기가 질투의 씨앗이 될 뿐만 아니라 자신을 파괴하리라는 것을 눈치 챌 수 있었을지도 모른다. 롬멜이 명심해야 할 것은 트로이 원정에서 개선한 아가멤논이 왕비인 클리타임네스트라에게 한 말일 것이다.

> 하지만 찬사는 그에 상응하여 타인으로부터 받게 되는 영예가 아니면 안 된다. 그 후에도 여자의 기분에 맡겨 지나치게 화려한 영접을 받아서는 안 되며, 또한 이방인처럼 발치에 엎드려 과장된 말을 내뱉어도 안 된다. 아니, 몸에 걸친 천을 깔고 우리 길 위에 질투를 불러일으키는 것은 아무런 쓸모도 없다. 그런 영예는 신들에게나 바칠지어다. (《아가멤논》)

롬멜의 자유로운 발상은 군인 귀족이 아닌 중산계급 출신에게서 유래한 재능으로부터 온 것이었다. 하지만 독일 국방군처럼 대대로 내려온 귀족 계급이 장교단의 중추를 형성하는 폐쇄적인 그룹에서는 융카도 아닌 데다가 참모교육도 받지 않은 장군은 '사이비'에 불과했다. 실적보다 출신 성분, 능력보다 경력, 탁월한 천재보다 견실한 수재가 요구되었던 것이다.

귀족장교들이 보기에 롬멜은 '병적인 야심'을 가지고 있는데다가 '성격상의 결함'을 차마 다 가릴 수 없을 만큼 벼락출세였다. '보헤미아의 하사관'이 자기 마음대로 임명한 원수 밑으로 들어가게 된 장군들에게 롬멜은 '전형적인 나치의 아들'일 수밖에 없었다.

### 급전, 명예로운 자결로

질투와 악의는 호된 평가를 만들어낸다. 그리고 세간에서는 좋은 평가가 아닌 나쁜 평판만이 오래 지속된다. 그런데 롬멜은 자신의 천재적인 용병술을 방해한 책임자들에게 너무 혹독했다.

보급과 공중 지원을 맡은 수뇌부들과 참모본부의 작전 책임자들은 모두들 롬멜의 비판에 화가 나 있었다. 롬멜은 공군의 통솔자이자 나치의 이인자였던 괴링부터 시작해 육군 최고사령부의 선배 장군들에 이르기까지 모든 인물들의 강한 반감을 사고 있었다.

히틀러의, 신이 빌려 주었다고나 해야 할 전황 파악의 재능은 예상이 들어맞았을 때는 프랑스를 굴복시키고 독소 전쟁 초기 쾌조의 진격을 이루어내는 등 수많은 성과를 올렸다.

하지만 독일과 소련 각각에 백만 병력을 집중토록 만든 스탈린그라드 전투(1942년 7월~ 1943년 2월) 등 전쟁 상황과 전력을 무시한 철저 항전은 독일군을 소모시켰고, 일부 장군들에게 전쟁의 조기 종결, 그리고 히틀러 암살을 기도하게 만들었다. 국방군 최고 간부였던 군인들의 음모가 적발되자 히틀러의 비밀경찰 게슈타포는 배신자들을 구속, 혹독한 고문 끝에 처형했다.

연합군의 프랑스 상륙을 저지할 임무를 맡았던 롬멜은 암살 음모에 직접 관련되지는 않았던 모양이다. 하지만 작전 전문가로서 롬멜은 전쟁의 전망에 대해 귀족 출신 장군들과 같은 의견이었고, 혹은 그 이상으로 히틀러의 생각에 회의적으로 변해 있었다. 롬멜은 사랑하는 조국 독일을 소멸시킬지도 모를 히틀러의 전쟁관에 의문을 드러낸 적도 있었던 듯하다.

롬멜은 분석과 직감으로 독일의 패전을 예견했고, 히틀러는 신념과 광신으로 독일의 역전극을 예측하려 했다. 그토록 신뢰가 돈독했던 두 사람 사이에도 틈이 벌어지기 시작한 것이다. 암살을 면한 히틀러에게 필요했던 것은 '최종적인 승리'에 대한 신념의 절대적 공유였다. 신념이 없다면 롬멜에게조차 조만간 죽음을 '하사' 할 건 뻔한 일이었다.

하지만 롬멜은 독일 국민의 영웅이었고, 그의 사형은 히틀러에게도 타격이었을 것이다. 가족까지 희생하면서 사형당할 것인지, 아니면 국가장에 준하는 명예로운 자결을 선택할 것인지 그 선택은 롬멜에게 맡겨졌다. 비극이었지만, '명예로운 자결'은 일본의 순사와 마찬가지로 카타르시스의 의미까지 포함한 것이었다.

롬멜은 자결을 선택함으로써 히틀러에게 중용되었던 '나치의 아들'로서 뉴른베르크 재판에서 고발당하는 굴욕으로부터 도망칠 수 있었다. 또한 게슈타포의 고문과 피아노 줄을 목에 걸고 시간을 끌면서 교수형 당하는 공포를 맛보지도 않고 끝났다. 그가 누구와도 다른 명예로운 죽음을 맞이할 수 있었던 것은 히틀러의 놀라운 마지막 은총이었는지도 모른다.

죽는 순간에 이르러 롬멜의 귀에는 트로이를 공략한 아가멤논에게 경고하는 합창이 들리지나 않았을까.

> 너무나도 높은 명성을 구가하는 것은 무거운 고통의 근원,
> (그 집을 향해) 제우스로부터
> 벼락이 날아온다.
> 나는 사람들의 질투를 받지 않을 만큼만 부귀를 얻고 싶으며,
> 성을 빼앗은 대장의 명예는 필요 없도다.
> 《아가멤논》

# 5

# 학자 세계의
## 우울

도시적 세련미를 갖춘 인격자로, 연구와 문필가, 그리고 사교에 있어 재능을 발휘했던 눈(雪)의 박사, 나카야 우키치로의 침묵. 초등학교 중퇴라는 초라한 학력에도 불구하고 자유분방했던 식물학자 마키노 도미타로의 화려한 언변. 질투에 대한 상반된 대응방식을 보여줬던 스타 학자 두 사람의 인생관.

# 학자 세계의 우울

**천재 과학자의 불우함**

그가 그 평생의 대업인 인공눈 연구를 한 삿포로는 이런 의미에서 그에게는 그리 살기 좋은 곳이 아니었을지 모른다. 그의 명성은 다른 동료들에 비해 너무나도 높았다. 따라서 다 같이 힘을 합쳐 일을 해도 세상은 그것을 그 혼자의 일로 생각해 버리는 경향이 뚜렷했다. 사실 그는 결코 그럴 마음이 없었고, 그냥 되는 대로 발표한 것이었지만 세상은 곧이곧대로 받아들이지 않았으며, 마치 그 한 사람의 업적인 것처럼 받아들인 게 그에게는 재앙이었을 것이다. (《잊을 수 없는 눈의 과학자》)

이 글을 쓴 사람은 도쿄대 총장을 지낸 물리학자 가야 세이지이다. 글 안에서 '그'라고 불리고 있는 자는 세계에서 최초로 인공눈을 만든 나카야 우키치로이다. 두 물리학자는 마지막에 가서는 도쿄대와 훗카이도대로 각각 헤어졌지만 전쟁 전 한때 훗카이도 제국대학 이학부에서 동료로 지냈던 시기도 있었다. 평생토록 서로 흉허물 없이 지내던 친구이기도 했다.

학자는 군인이나 관료와는 근본적으로, 그리고 기업인과도 달라서 독자적인 재량과 활동이 허용된 범위가 넓다. 게다가 전문 영역을 좁혀가면 좁혀갈수록 내가 최고라는 자부심과 환상에 사로잡혀 있는 직업인 것이다. 그렇지만 작은 성 안에 틀어박힐 자유는 교수나 연구원 같은 직업이 돼야만 비로소 가능하다.

기업이나 관청, 또는 군대에서는 이런 개인플레이는 용납되지 않는다. 물론 대학이나 연구소도 조직인 이상 인간관계를 잘 조절하지 못하고 학생 지도에 있어서도 문제를 일으키는 사람도 있다. 이런 인물에게는 교육과 실험, 그리고 임상 지도는 맡겨지지 않는다. 또한 인간이기 때문에 개인 연구가 장기인 자도 있는가 하면 공동연구에 뛰어난 자도 있다. 그것은 개인의 특성과 자질의 문제이며, 그 인물이 처한 환경과 조건에 의해서도 좌우되는 것이다.

'눈은 하늘이 보내는 편지'라는 말은 초등학생 시절의 나에게도 나카야라는 이름과 함께 기억 속에 새겨진 명언이다. 사람들은 나카야가 설빙(雪氷) 물리학의 용감한 개척자로서 홋카이도 대학의 저온과학연구소를 이끌며 훌륭한 업적을 이루어냈다고 믿고 있다. 하지만 가야는 감히 불만을 토로하기 어려운 부분에 대해 이야기했다.

"나카야는 그 연구소에서 배척당하는 바람에 모두가 생각하고 있는 것처럼 그곳 소장이 되지 못했다. 참으로 이상한 이야기 같지만 나는 그 까닭을 정확히는 알지 못한다"고 했던 것이다. 하지만 나카야의 위대한 점은 '그것에 대해 한마디도 푸념하지 않았다'는 데 있을 것이다.

### 인격자에 대한 냉담한 대우

정말 이상한 이야기가 아닐 수 없다. 가야도 정확히 모를 정도니까 나 같은 사람은 자세히 알 도리가 없다.

원래 대학은 성인군자의 집합소가 아니다. 이권 다툼이 적은 국립대학이나 독립법인 같은 곳에서는 인사를 둘러싼 술책이나 다툼 정도가 고작일 것이다. 소장이 되느냐 마느냐는 운명에 달린 것이다. 그 결과는 학자의 평가와 본질에 관계된 것은 아니다.

나카야는 줄곧 침묵하고 있었지만 사실 불쾌함을 참고 있었을 것이다. 하지만 친구인 가야는 본인이 도쿄대 총장이 되었기도 하고, 다른 누구도 아닌 친구였으므로 착잡한 심경이었을 것이다. 가야의 그런 마음은 조직생활을 하는 사람이라면 누구나 다 이해할 수 있다.

사실 가야뿐만이 아니라 나카야를 아는 사람이라면 누구든 그 인품에 고스란히 감동했다고 한다. 나카야가 임종을 맞이한 병상에서 부인에게 남긴 말은 "누구한테나 잘해줘"라는 것이었다. '작은 친절' 운동을 시작한 가야는 나카야의 평소 행실에서 힌트를 얻었는지도 모른다.

전쟁 전 파리 유학 중에 나카야와 만난 수학자 오카 키요시는 "젊은 나이에 저렇게 친절한 사람은 본 적이 없다"고 절찬했다. 일본 귀국 후에 오카는 정신적으로 급격한 변화를 일으켜 근무처인 히로시마 문리과 대학(현 히로시마 대학)에서 여러 차례 문제를 일으키고 가출도 자주 했다. 그런 오카를 보살핀 이가 나카야였다. 한때는 홋카이도 대학의 촉탁으로 학생들을 가르쳤던 적도 있었다. 오카는 나카야가 없었다면 연구자로서 대성할 수 없었을 것이다.

나카야는 제자들에 대해서도 공적으로나 사적으로 자주

뒤를 돌보아주었다. 그런데도 보살핌을 받은 제자가 그에게서 등을 돌리고, 나카야의 실수가 그에게 불만을 가진 사람들에 의해 부당하리만치 과장되게 퍼진 것은 왜일까. 짐작하듯 이유의 대부분은 질투에 있었던 것이다.

가야는 "사람들 사이에서의 그에 대한 평판은 그 인품에도 불구하고 반드시 좋다고는 할 수 없었다"고도 적고 있다. 여기에는 삿포로에서 태어나 아타루에서 자란 내 기억과도 겹치는 부분이 있다.

눈의 나카야 박사라고 하면 어린 마음에도 자랑스러운 존재였기 때문에 홋카이도 대학과 관계된 어른들을 만났을 때 나카야의 일화를 들려달라고 조른 적이 있다. 그러면 '나카야 씨는 우리 대학에 없어서'라거나 '나카야 선생은 늘 도쿄에만 있었고 삿포로에는 없어서' 등등, 어느 쪽이든 호의적이라고는 생각할 수 없는 반응이 돌아와서 어른들의 냉담함에 실망했던 것을 기억하고 있다.

이렇게 보면 나카야의 비극은 학자로서의 기본적인 질투에 더해 지방 사람들의 피해의식이 겹쳐짐으로써 생겨난 것이다. 애당초 가야 본인도 자신이 교편을 잡았던 '삿포로라고 하는 시골 대학'에 그리 호의적이지는 않았으므로 이야기를 조금은 에누리하여 들을 필요도 있다.

**삿포로의 도쿄인**

그리고 나카야에게도 역시 홋카이도 대학 관계자들의 질투를 산 원인이 있지 않았을까 살펴봐야만 할 것이다.

늘 웃음이 떠나지 않았던 나카야는 결코 학식이나 지명도를 과시하는 사람은 아니었다. 그렇지만 재능은 밖으로 그 환한 빛을 발하기 마련, 명성과 함께 얻은 풍요로운 생활방식이 대학 안팎에서 시기와 부러움을 불러일으켰던 것은 분명하다.

그의 사후, 2000년에는 탄생 백 년을 기념하여 문화인 우표도 나오고, 고향인 이시가와현의 다이긴양주라는 주류업체에서는 '우키치로' 라는 이름의 술도 나왔을 정도다. 지금으로 보자면 스타 교수 정도가 아닌 슈퍼 교수라고나 해야 할 발군의 지명도와 존재감을 자랑했던 것이다.

가야는 점심시간이 되면 나카야와 수학과의 요시다 요이치 두 사람과 함께 때로는 호텔에서도 식사를 즐겼다고 한다. 그 시대는 지금과 달랐다. 점심을 밖에서 담소하며 먹는 것만으로도 독신의 나카야 교수들은 '시골 대학' 에서 귀족적인 분위기를 풍겼을 것이다.

하지만 나카야가 삿포로가 아닌 다른 지방에서 더 많은 생활을 하게 된 이유는 원인불명이었던 병과 관계가 있었다.

그는 1936년 이후 간디스토마라는 난치병 치료를 위해 삿포로를 떠나 따뜻한 이토(伊東)로 옮겼다. 그나저나 '눈 박사'가 이토로 추위를 피해 갔다니, 웃긴 이야기임에 틀림없다.

나카야가 인공눈을 처음으로 만들었던 것은 1936년 3월이며, 최초의 수필집 《겨울의 꽃》이 이와나미신서(岩波新書)에서 발행된 것은 그해 9월의 일이었다. 5일 동안 2천 부 정도가 팔렸다고 한다. 또 같은 해 11월에 창간된 이와나미신서 최초의 목록에는 나카야의 《눈》도 추가되었다. 스승인 데라다 토라히코[53]의 문재(文才)를 이어받은 수필가로서도 지위를 굳건히 했던 것이다. 연구도 순조롭게 진행되어 갔다.

하지만 호사다마라고나 할까. 앞에서 말했듯이 병이 악화되어 1936년 가을부터 가족과 함께 이토에서 생활하게 되었고, 그 다음해도 역시 이토에서 지냈지만 이번에는 더워서 애를 먹었다. 그렇게 2년이 지나고 다시 시원한 삿포로로 돌아와 '사치스러운 입원 생활'을 하며 여름을 지냈다. 그래도 몸 상태가 나아지지 않아 게이오병원의 의사인 다케미 타로에게 철저한 진찰을 받은 결과 근본적인 병인(病因)을 찾아내 완

---

53) 寺田寅彦. 1878~1935. 일본의 물리학자이자 수필가.

전히 치료할 수 있었다. 그리하여 모친을 모셔와 마침내 삿포로에 정착한 것이다.

새 집은 나카야가 스스로 설계한 페치카 난방의 방한주택이었고, 그 맞은편에는 호쿠세이여학교가 있었다. 빨간 벽돌 담에 초록색 잔디가 깔린 운동장과 외벽의 크림색이 아름다운 학교였다. 학교의 출입문과 마주한 나카야 집의 말쑥한 구조에 대해서는 사람들 입으로 전해지는 말을 들었던 적이 있었다.

나카야는 1941년 눈에 관한 연구로 학사원상을 받았는데 같은 해 홋카이도대학에 저온연구소도 만들었다.

### 화려한 개척자

전쟁 후 나카야는 가족과 함께 다시 도쿄로 이사해 1948년 9월에 시부야구 신주쿠에 새 둥지를 틀었다. 나카야는 수업 등 볼일이 있을 때만 삿포로로 간 모양이었다.

대학에는 멀리서 강사를 불러오기 위해 강의나 연습을 일주일 정도 모아서 끝내는 제도가 있는데 이것을 집중강의라고 불렀다. 하지만 본교(나카야의 경우엔 홋카이도 대학)의 경우에는 강의와 실험 1년 치와 반년 치를 합쳐서 1, 2주 안에 다 처리한다는 것은 상식에 어긋난다.

만약 나카야가 홋카이도 대학에서 집중강의 같은 것을 했더라면 아무리 개인 사정 때문이라 해도 동료 교수와 학생의 불만이 컸을 것이다. 게다가 국립대학 교수는 국가 공무원으로서 근무지에 거주하는 게 원칙이었다. 그런데 나카야는 도쿄에서 살았으니 아무래도 대학에서 좋게 봤을 리가 없다.

가야 세이지였다면 '역시 시골'이라며 혀를 찼을지도 모른다. 어느 대학 출신인가와 상관없이 당시 홋카이도 대학의 동료 가운데는 도쿄, 즉 중앙에서 그 재능을 충분히 발휘할 수 없는 원통함을 질투로 달래는 자도 있었을지 모른다. 하지만 재능 있는 사람에 대한 평범한 사람의 좌절감은 도쿄라는 중앙의 대학이라 해도 별수 없었을 것이다.

말년에 미국과 캐나다에서 활약했던 나카야는 1962년 4월에 죽었다. 가야 세이지가 조사(弔辭)를 읽었고, 비석에 글을 쓴 것은 전 문부대신인 아베 요시시게였다. 여기에서도 나카야의 화려한 인맥은 세간의 질투를 불러일으킬 만했다.

나카야에 대한 질투와 반감은 그가 물리학, 더 나아가 과학으로 간주되지 못했던 저온과학으로 성공한 부분과도 아주 관계없는 것은 아니었다. 저온과학이나 설빙학을 개척했을 때 그의 학문은 예술에 불과하다는 혹평을 받았던 모양이다. 하지만 이과의 학문에 '예술'이라는 말을 갖다 붙인 것은 지나친 행위가 아니었나 싶다.

설빙학은 이제 홋카이도 대학의 학문을 상징하는 간판이 되었다. 현재 홋카이도 대학 구내에는 인공눈 탄생비와 함께 나카야의 실험 풍경 사진이 걸려 있다. 수많은 관광객이 바라보는 나카야의 실험 모습은 과묵한 학자 그 자체인 것이다.

### 수다스러운, 산전수전 다 겪은 사람

온후한 성격의 나카야에 대한 세간의 질투는 보고 있는 것만으로도 괴롭다. 하지만 식물학자 마키노 도미타로의 경우에는 이렇게까지 해야 하나 싶을 정도로 심각하다. 물론 정규 학력이 고치(高知)의 초등학교 중퇴라는 것만으로도 동정을 금치 않을 수 없다. 마키노는 다른 사람들이 자신을 질투하고 있다고는 결코 말하지 않았다. 대신 《마키노 도미타로 자서전》에서 자신을 천재라 지칭하며 학력도 없는 독학자인 자신은 파벌이 없어서 도쿄대 교수들의 질투를 받고 있다고 했다.

도쿄대에서 싼 월급의 강사 나부랭이로 47년이나 근무하며 생활도 연구도 힘들었을 것이다. 하지만 자신의 생활고를 드러내 놓고 말하는 메이지 시대 사람도 드물다. '사무라이는 먹지 않고도 이를 쑤신다'는 의젓함이 마키노에게는 없었다.

마키노는 1890년에 《일본식물지》 도편 제6집을 펴냈을 때 도쿄대의 와타베 료키치라는 교수로부터 "나도 당신과는 별도로 일본 식물지를 출판하려고 생각하고 있기 때문에 앞으로 당신에게는 학교 내의 서적이나 표본들을 보여줄 수 없다"는 말을 들었다고 한다. 뿐만 아니라 "내가 일을 하는 동안에는 교실에 들어와서는 안 된다"고 말했다는 것이다. 마키노는 이것을 자신에 대한 질투라고 해석했다.

이때까지는 그럭저럭 그를 동정하는 사람도 제법 있었다. 그에 용기를 얻었는지 마키노는 일찍이 모리 오가이가 그랬듯 전공 분야 외의 권위를 이용하여 역습을 시도했다. 도쿄대 총장과 문부대신을 역임한 기쿠치 다이로쿠나 신문 〈닛폰〉를 발행한 국수주의자 스기우라 시게타케에게까지 부탁하여 와타베 교수의 일에 트집을 잡게 함으로써 자신을 과시했던 것이다. 이것은 학자로서는 해서는 안 될 일이었다. 그래도 마키노는 양심에 거리끼지 않는다는 듯 자신이 유력자들과 얼마나 친한지 노골적으로 과시했다.

와타베 교수는 다른 사정으로 도쿄대를 그만두었지만 결국 마키노와의 '권력투쟁'이 간접적인 원인이었을 것이다.

'학문상의 경쟁상대'를 잃었다는 마키노의 말이 진심이라고 믿는 사람은 별로 없었다.

마키노는 와타베가 사라진 후 마쓰무라 진조 교수[54]의 조수로 채용되었지만 결국 식물에 이름 붙이는 작업을 둘러싸고 두 사람 사이의 다툼이 심해졌다. 두 사람 모두 분류학자였기 때문이었다. "나는 연구의 성과를 언제든 주저 없이 잡지에 발표하곤 했는데 아무래도 마쓰무라 씨는 그게 기분 나빴던 모양이다. 그 또한 질투 때문이지 않았겠는가"라고 마키노는 자신의 자서전에 적고 있다. 당시 마쓰무라는 이렇게 말했다고 한다. "자네는 그 잡지에 활발히 글을 발표하는 것 같은데 앞으로는 좀 자중하는 게 어떻겠나"라고 말이다.

이게 사실이라면 질투뿐만 아니라 학문적인 '압력'이 됐을지도 모른다. 마쓰무라는 마키노와 연구하는 내내 자신이 얼마나 힘들었는지 늘 하소연했다. 심지어 마키노와 함께라면 자신도 대학을 그만두겠다고까지 공언했다고 한다.

### 분방함과 똥배짱

하지만 와타베 교수 때와 마찬가지로 마쓰무라의 질투 운

---

54) 松村任三. 1856~1928. 일본의 식물학자.

운한 것은 마키노 측의 주장에 불과하다. 마키노를 질투했다는 교수들의 증언을 확인할 길이 없기 때문이다.

와타베 교수나 마쓰무라 교수는 개인적인 편의를 제공하고 우호적인 관계를 유지하는 범위 내에서 마키노를 대했으며, 그들 임의로 본래 대학과는 아무런 관계도 없었던 마키노로 하여금 학교 내의 표본이나 서적을 자유롭게 볼 수 있도록 허가해 주었다는 사실도 잊어서는 안 된다.

반면 마키노는 그렇지 않았다. '온갖 세계적 발견'을 하고 있는 자신을 압박하는 것은 '일본의 식물학계에 있어서 손실'이라거나 '선배는 후진을 이끌어 주는 게 의무 아닌가'라며 마치 미운 네 살배기처럼 자기중심적으로 다른 사람들을 대했으므로 와타베나 마쓰무라 입장에서는 견디기 힘든 일이었다.

마키노는 또한 마쓰무라와는 "강의를 들은 사제지간이었던 것도 아니고 하여 그다지 조심스러워할 필요를 느끼지 못했다"고도 말했다. 애당초 "어떤 사이가 됐든 학문의 진보를 막을 구실은 없다"라고 의기양양했던 것이다.

좋게 말하면 호탕한 성격이 고스란히 드러난 말이라고 할 수 있다. 하지만 마쓰무라에게도 할 말은 있다. 일부러 고치까지 편지를 보내 조수 채용 사실을 전한 그 과정을 생각해 보건대 마키노가 "나를 압박하는 마쓰무라 교수의 솜씨가 서툴다"고 공공연히 떠들고 다녔다면 정말이지 체면이 말이 아니었을 것이다.

마키노처럼 규칙이나 규율을 따르지 않는 자유인 입장에서 보자면 약간의 조언이나 주의도 시기와 질투의 발로로 비추어졌을지 모른다. 대체로 마키노는 규칙으로 얽매인 대학 세계에 어울리지 않는, 파격적인 면을 가지고 있었다.

마키노는 자신의 월급이 적어 표본을 정리할 장소가 없다면서도 그 용도로 불쑥 큰 집을 빌리기도 했다. 철부지 사내인데다가 경제적인 면에 있어서도 천하태평이었던 그에게는 대수롭지 않은 일이었는지도 모른다.

태연히 돈을 빌렸다가 몇 번인가 빚쟁이에게 시달림을 당해 주변사람들을 곤란하게 만든 일도 있었다. 부유한 집에서 태어나 돈을 마음껏 쓸 수 있었던 어렸을 적 버릇이 몸에 배어 있었던 것이다. 그는 집안이 몰락한 뒤에도 식물 연구에 물 쓰듯 돈을 허비했다. 모자라면 모자란 대로 변통을 한다거나 절약이라는 걸 몰랐던 사람이었다. 향토의 유력자나 독지가가 빚보증을 서준 게 마키노를 위해 다행스러운 일이었는지 아니었는지는 사실 판단하기 힘들다.

자신의 학문은 세계를 위한 소중한 성과이니만큼 세상 사람들이 약간의 희생을 감수해야 한다는 듯한 분위기가 자서전 전체에는 흐르고 있다. 더 나아가 《신찬일본식물도설》 서문은 정말 가관이다. 식물학을 위해 가산을 탕진했으니 이 책을 발행함으로써 '생계비'를 충당하겠다고 스스럼없이 적고 있다. 생계비에 보태려고 책을 내는 학자가 어디 있단 말인가. 하지만 본인은 아주 진지했다. 그리고 왠지 밉지 않은 구석도 있었다.

독지가인 이케나가 하지메가 고베의 식물 표본을 위한 연구에 써달라며 맡긴 3만 엔이라는 거금을 마키노가 흐지부지 써버렸다는 이야기도 있다. 그런 식으로 상당한 돈을 효고와 후쿠하라의 색주가에 바쳤다고 하니 어이가 없을 정도다. 그뿐인가, 마키노를 위해 고용해준 식모에게 '좋지 않은 행실을 했다'는 이유로 이케나가가 마키노에게 화를 냈다는 이야기도 있을 정도였다.

드디어 생활이 궁핍해지자 마키노는 시부야에 아내의 성을 따 '이마무라'라는 마치아이(待合)를 개업했다. 마치아이란 원래 손님이 예인(藝人)을 불러 놀았던 찻집을 뜻하는 곳인데 이곳에서는 성적인 접대도 심심찮게 이루어졌다. 마키노는 궁핍한 경제상황을 타개해 보고자 아내와 마치아이를 열었을 테지만 세상 사람들은 그렇게 생각하지 않았다. 그의 아내가 학생들을 마치아이로 데려간다는 소문마저 퍼지자 대학은 물론이고 그조차 곤란하지 않을 수 없었다.

그래도 "대학 선생 주제에 마치아이를 열다니, 말도 안 된다"는 여러 방면에서 퍼붓는 욕을 들으면서도, 내 마누라는 잘 알지도 못하면서 마치아이를 경영할 수 있는 '천재적 수완'을 가지고 있다며 천연덕스러워했다.

클럽과도 비슷한 가게를 열 만한 배짱(혹은 만용)을 가진 도쿄대의 선생이라니, 이는 어떤 일이 벌어져도 이상하지 않을 현대사회에서도 있을 수 없는 일이 아닐까. 그런데 마키노는 도덕과 윤리가 여전히 까다로웠던 다이쇼[55] 시대에 아내에게 마치아이를 경영하도록 했으니 참으로 똥배짱이 아닐 수 없다.

### 교묘한 미디어 전략

마초적 기질이 강한 마키노의 학문관도 그 성격에 걸맞게 상당히 변해갔다.

풀과 나무를 사랑하게 되면 인간에게 동정심이 싹터 싸움도 전쟁도 일어나지 않을 것이라고 생각한 데 대해서는 달리

---

55) 大正. 1912년부터 1926년 사이의 일본 연호.
56) 日蓮. 1222~1282. 가마쿠라 시대의 중. 니치렌종의 시조.

할 말이 없다. 또한 자신이 니치렌[56]처럼 뛰어난 사람이었다면 '풀과 나무를 숭상하는 하나의 종교'를 창시했을 것이라고 자부했던 그 순수함도 그리 못 봐줄 것은 아니다.

다만 학문을 여성과 비교하는 버릇은 상상을 초월한다. 자신이 '식물의 애인으로 이 세상에 태어났다'고 자부했다. "하하하. 나는 밥보다 여자보다 좋아하는 게 식물입니다"부터 시작해서 "풀과 나무, 즉 내 소매를 당기는 애인들과 함께 나는 많은 일을 하고 있다"고 큰소리쳤다. 그리고 마지막에는 늘 "내 애인인 풀과 나무와 함께 동반자살할 것"이라고 자신의 각오를 밝혔다.

이처럼 마키노의 제멋대로인 성격은 '나 같은 천재(자신이 스스로 이렇게 말하는 건 이상하지만)'라고 스스로를 지칭하는 것이나 자신의 학풍은 두 번 다시 나오지 않을 거라는, 충만한 자신감에 기초한다. '다른 사람이 그러는데'라는 단서를 달면서 '나 같은 사람은 백 년에 한 번 나올까 말까 한답니다'라며 좋아했다고 한다. 다른 사람들의 질투를 받는다고 위축될 만한 속 좁은 그릇은 아니었던 것이다.

유력자나 미디어를 이용해서 자신의 힘든 처지를 선전하고 그리하여 밖에서 지명도를 높여가는 것도 마키노가 잘하는 수법이었다. 불우한 독학자라는 것은 매스컴의 관심을 모으기에는 딱 적당한 화젯거리였다. 만약 마키노가 전략적으로 미디어를 이용했다면 상당히 교활한 사람인 셈이다. 무학력의 저명한 학자가 도쿄대에서 학력 차별을 당했다는 것은 예전이나 지금이나 매스컴의 기대에 부응할 만한 소재다.

　질투를 받았는지도 모르겠지만 그것을 무시했거나 모른체한 나카야의 세련됨. 질투 받고 있다고 자신의 자서전을 통해 공공연히 떠들면서 그것을 처세술로 활용한 마키노의 촌스러움. 두 사람의 생활방식은 같은 학자라고는 도저히 생각할 수 없을 만큼 대조적이었다.

# 6

# 천재의 어리석음,
## 수재의 용의주도함

희대의 전략가 이시하라 간지를 비롯해 야마시타 도모유키 같은 뛰어난 군인들을 모두 몰아낸 도조 히데키. 조직 운영의 실무에 익숙한 수재는 천재를 능가한다. 일개 '노력형 인간'이 어떻게 육군대신, 더 나아가 총리까지 올라갔는가.

# 천재의 어리석음,
## 수재의 용의주도함

### 수재를 정점으로 이끈 천재

"그리고 도조 씨와도 만나고 싶은데 방이 어디죠?"

이시하라는,

"아, 도조 상등병의 방 말인가요? 이 복도를 따라서 쭉 가다가 막다른 곳에……."

(스기모리 히사히데《세키요 장군 — 소설 이시하라 간지》)

이것은 오카와 슈메이[57)]가 만주를 여행하면서 같은 쓰루오카 출신인 이시하라 간지[58)] 관동군 참모부장을 방문했을 때의 대화이다. 똑같은 이야기가 다른 관계자의 책에도 실려 있다.

같은 독재자라 해도 히틀러는 하사관이었으므로 그보다 못한 도조 히데키[59] 참모장 같은 사람은 상등병이 고작이라는 빈정거림이었을 것이다. 이시하라는 관동헌병대 사령관이라는 경력의 도조를 다른 사람들 앞에서 "이 사람은 헌병 출신이라서"라며 조롱했던 적도 있었다. 전략가인 이시하라는 군의 경찰관인 셈인 헌병의 직무를 보잘 것 없는 것으로 여겼던 모양이다. 아무리 그렇더라도 고위급 장교의 말이라고는 생각할 수 없는 천박한 발언이었다.

오카와는 세계대전 후에 정신이 이상해져 전범으로 판정 난 도쿄 재판에서 도조의 머리를 때린 우익 사상가였다. 그런 오카와도 이시하라의 과격한 '상등병' 발언에는 놀란 모양이었다.

하지만 쇼와[60] 시대의 육군 가운데 '천재'라 부를 만한 사람은 이시하라 간지 단 한 사람이었다고 해도 좋다. 천재가

---

57) 大川周明. 1886~1957. 국수주의자. 2차 세계대전 후 A급 전범으로 체포되었지만 정신이상이라는 이유로 사면되었음.
58) 石原莞爾. 1889~1949. 전 일본 육군 중장.
59) 東條英機. 1884~1948. 일본의 육군 군인. 정치가.
60) 昭和. 일본 쇼와 천왕 시대의 연호. 1926~1989.
61) 일본 제국이 1931년 9월 18일 류탸오거우 사건(柳條湖事件, 만철 폭파 사건)을 조작해 일본 관동군이 만주를 중국 침략을 위한 전쟁의 병참 기지로 만들고 식민지화하기 위해 벌인 침략 전쟁을 말한다.

백 년에 한 명 나올까 말까 한 존재라고 한다면 만주사변[61]은 세계를 발칵 뒤집어놓을 만한 사건이었다. 작전주임참모에 불과한 일개 육군 중좌가 세계를 놀라게 만들고, 미국과 러시아를 침묵케 하면서 장개석의 반응까지 포함해 일본과 아시아의 운명을 결정지을 거대한 '사업'을 결행한 것이다.

이것에 비하면 도조의 발자취는 미미하다. 하지만 그를 단순한 수재 정도로 보는 것은 적절치 않다. 도조는 분명 노력가였고, 육군에 특히 많았던 수재들 가운데 한 명이었다. 그렇지만 아무리 좋게 보아도 그가 육군대신과 총리대신에 오른 것은 우연과 행운의 산물일 뿐이었다.

도조의 성공에는 상대적으로 이시하라의 성격적 결함과 더불어 행동에 있어서 실수한 부분이 크게 작용했다. 당시 이시하라의 천재적인 두뇌와 구상력에 반감을 가진 군인은 너무나도 많았다. 그처럼 도조의 행정 처리 능력이 무난하다고 느끼는 동료들 또한 놀라울 정도로 다수였던 것이다. 이시하라 간지는 무슨 일을 하든 다른 사람들의 질투를 피하기 어려운 남자였다.

그런 와중에도 이시하라의 전략 연구와 번뜩이는 감각은 세계의 전쟁이 어떻게 변화해 왔는지 꿰뚫고 있었다. 1922년 독일 유학에서 돌아온 이시하라는 18세기 프리드리히 2세 때의 지구전이 나폴레옹에 의해 모든 것을 쏟아 붓는 양적 전쟁으로 변화했고, 다시 러일전쟁과 제1차 세계대전의 결과 지구전 시대로 돌입했다는 걸 깨달았다.

프로이센의 프리드리히 2세는 프랑스, 오스트리아, 러시아를 상대로 한 7년 전쟁에서 전쟁의 장기화로 어려움을 겪는 와중에도 슈레젠을 획득했는가 하면 열강에 편입되려는 전략적 목적도 달성했다. 그런데 이시하라 러일전쟁에서는 독일의 병학가 몰트케[62]의 가르침을 그대로 받아들여 러시아를 신속히 굴복시키려 한 점에 착오가 있었다고 지적했던 것이다. 일본 육군이 신성시한 러일전쟁의 승리를 근본부터 의심하다니, 이 얼마나 대담한가.

### 일본의 나폴레옹

나폴레옹은 적에게 그 병력을 집중시킬 여유를 주지 않고 이동 중인 적을 물리치는 게 좋다고 생각했다. 교묘히 적을 고립시킨 후 아군의 병력을 집중시키면서 효과적으로 운용하면 설령 적군의 반밖에 되지 않는다고 하더라도 전장에서는 적보다 강할 수 있다고 말했다.

일본의 중국 침략과 대륙 경영에 대한 비판은 일단 미뤄두

---

[62] Helmuth Karl Ferdinand von Moltke. 1800~1891. 프로이센의 군인. 참모총장으로서 오스트리아, 프랑스와의 전쟁에서 승리, 독일제국의 성립에 공헌했음.

자. 이시하라가 1931년 만주사변을 계획하고 있을 때 관동군은 고작 1만2천 명의 병력밖에 안 되었고, 그 소수의 부대로 일본의 국책회사인 만철과 남만주철도의 부속지를 지켰다.

그런데 일본의 '나폴레옹 중좌'였던 이시하라는 배운 대로 모든 병력을 봉촌에 집중시킨 후 고작 1만의 병력으로 장학량이 이끄는 20만 군대를 무찔렀다. 늘 모든 병력을 한 곳에 집중시켜 러시아나 오스트리아 등 수적으로 우세한 각국의 대부대를 깨트린 나폴레옹의 전술을 완전히 자기 것으로 만들어 사용했던 것이다. 적들은 행동반경이 수천 킬로미터에 달하는 이시하라의 제2사단이 얼마나 신출귀몰했는지 놀라지 않을 수가 없었다.

이시하라는 나폴레옹의 다음과 같은 말도 흡수했을 것이다. '천재는 형식에 전혀 얽매이지 않는다. 형식은 평범한 사람을 위해 만든 것이다. 그 평범한 사람이 규칙의 틀 안에서 움직이는 것은 나름대로 괜찮다. 하지만 유능한 병사는 어떤 형식의 함정에 빠져도 빠져 나올 수 있다.'

게다가 이시하라는 육군대학교의 병학(兵學) 교관을 경험하면서 《전쟁사대관》이나 《국방정치론》 외에 전략론의 명저라 할 만한 《세계최종전론》을 쓴 저술가이기도 하다. 그 책을 통해 원자폭탄과 우주로켓의 출현을 이미 예견하고 있었으며, 전쟁의 양상이 완전히 달라질 것이라고 2차 세계대전 이후의 세계를 전망했다.

세계최종전쟁에 대한 이시하라의 의견은 언뜻 직관적으로 보이지만 많은 독서에 의한 정밀한 분석력의 산물이다. 공중전과 4차원 전쟁, 원자폭탄의 출현, 그리고 파괴력이 큰 수소폭탄의 등장을 예견한 것만 봐도 그렇다.

하지만 질투와 반발도 컸다. 이시하라의 독특한 인간적 개성, 종교로의 광적인 귀의는 다른 군인 동료의 반감을 더욱 강하게 만들었다.

나폴레옹이나 이시하라 간지 수준의 천재적 전략가와 도조 히데키나 아이젠하워 같은 평범한 수재 관료와의 현격한 차이는 너무나도 크다. 나폴레옹의 말에 다시 한 번 귀를 기울여보자.

작전 계획을 세우는 것은 누구라도 할 수 있다. 하지만 그것을 가지고 전쟁을 할 수 있는 자는 적다. 사건과 정황에 따라 행동하는 것은 진정한 군사적 천재가 아니면 할 수 없다. 이 때문에 최상의 전술가도 막상 장군이 되면 평범한 병사로 변하고 만다. 문제는 재능에 어울릴 만한 성격이다. 재능은 비상하지만 성격이 적합하지 않으면 군인에 어울리지 않는다. 닻 없이 돛대만 있는 배나 마찬가지인 것이다. 재능은 거의 없어도 적합한 성격을 가지고 있다면 그나마 다행이다. 재능은 거의 없어도 그나마 있는 재능과 어울리는 성격을 가진 사람들 중에 성공하는 경우가 많다. 무엇이든 높은 만큼 깊은 뿌리를 가지고 있어야만 한다. 재능도 풍부하고 성격도 그에 뒤지지 않을 만큼 적합한 역사상의 장군은 시저, 한니발, 튀렌, 오이겐 공, 프리드리히 정도밖에 없다. (《나폴레옹 언행록》에서 요약)

### 우수한 행정관

한니발은 고대 로마군을 몇 번씩이나 격파한 카르타고의 영웅, 튀렌은 17세기의 30년 전쟁에서 독일을 침략한 프랑스의 장군, 오이겐은 17세기부터 18세기에 걸쳐 오스만 제국과 프랑스를 상대로 한 전쟁에서 승리한 오스트리아의 명장이다. 일본에서는 미나모토노 요시쓰네[63], 오다 노부나가(織田信長, 1534-1582), 시마즈 요시히로[64] 등이 이들에 뒤지지 않을 명장이라 할 만하다. 더 나아가 이시하라를 '재능도 풍부하고 성격도 그에 뒤지지 않을 만큼 적합한 장군'에 포함시킨

---

63) 源義經. 1159~1189. 헤이안 시대와 가마쿠라 시대 초기의 무장.
64) 島津義弘. 1535~1619. 오다 노부나가가 처음으로 입경한 1568년부터 도쿠가와 이에야스가 세키하라 전투에서 승리한 1600년까지의 30여 년, 즉 아즈치모모야마 시대의 무장.

다 하더라도 하등 이상할 게 없다.

하지만 도조는 아무리 좋게 보아도 장군감이라고 할 수는 없다.

질투와 편견을 고스란히 가지고 있는 쇼와 시대 육군 인사의 특징으로 보아 도조가 육군대신이나 총리대신이라는 정치의 정점에 설 수 있었던 이유는 전략가가 아닌 행정관으로서 평가받았기 때문이다. 대체로 도조는 자신의 창조성이 결여돼 있다는 데 대한 반발 때문인지 '우월 욕구'가 강한 남자였다. 수재였던 부친 히데노리(英教. 모리오카번)가 초슈 파벌의 미움을 사 육군에서 불우한 최후를 맞이했던 것에 대해 상당히 피해의식을 가지고 있었던 듯하다.

우월 욕구란 타인의 행동이나 운명을 통제하려는 권력에 대한 욕구, 타인으로부터의 외경심, 상찬을 받을 수 있는 지위에 대한 욕구를 가리킨다.

우수한 행정 관료였던 도조 히데키의 우월 욕구는 어떤 인간이 사회활동에서 성공하기 위한 귀중한 원동력으로 작용했을지도 모른다. 실제 도조에게는 헌병대 사령관이라는 직책이 어울렸다. 전시 중에 거리를 순찰하며 쓰레기통을 치워 국민의 환심을 사려고 했는가 하면 자신의 전쟁 방침을 비판하는 부하나 신문기자를 일부러 최전선으로 보낸 것만 보더라도 얼마나 어리석은 장수였는지 알 수 있다.

이런 인물은 타인의 성공에 대해 질투가 심한 반면 다른 사람과의 우열 차이에 담담하지 못하다. 자리다툼에 적극적으로 참가하여 경쟁상대를 타도하는 데 전력을 다하는 일도 힘들지 않게 하는 것이다.

수상과 육군대신이 되어 인사권을 완전히 장악한 후 싱가포르를 함락시킨 '말레이의 호랑이' 야마시타 토모유키[65]를 도쿄로 불러들이지 않고 만주로 전출 보내거나 수상 후보로서 자신을 위협하는 데라우치 히사이치[66] 원수를 줄곧 남방총군으로 삼아 사이공에 처박아둔 것은 스타성 있는 인물에 대한 도조의 질투나 시기와 무관하지 않을 것이다.

도조는 적을 쓰러뜨린 후에도 상대의 보복을 두려워했기 때문에 재기의 기회를 완전히 봉쇄하려 했다. 밀고나 비합법적인 정보를 사용하여 인재들을 계속해서 제거해 나갔던 것이다. 이런 점이 '도조 막부의 헌병 정치'라는 이름으로 조롱을 받았고, 쇼와 시대의 육군, 또는 일본의 비극을 만들어 간 것이다. 그 최대 피해자가 이시하라였다.

---

65) 山下奉文. 1885~1946. 전 일본의 육군 대장.
66) 寺内壽一. 1879~1946. 전 일본 육군의 원수.

도조의 우월 욕구는 애당초 타인에 비해 우월한 자질이나 능력을 가진 데다가 타인으로부터 그것을 인정받은 인간, 이를테면 이시하라 같은 인물과는 관계가 없는 것이다. 또한 그 어울리지 않는 두 사람이 가깝게 모신 대단한 인재이자 육군성 군무국장 재임 시 살해당한 나가타 데쓰잔[67] 같은 사람은 이런 우월 욕구에 구애될 필요가 없었다.

나가타 데쓰잔 소장은 군사적 힘이 막강한 국가를 목표로 하다가 아이자와 사건[68]으로 살해당한 육군 통제파의 리더였다. 나가타가 살아 있었다면 도조가 나설 기회는 없었을 테니, 기껏해야 사단장을 목표로 하고 있었던 그에게는 나가타의 죽음은 기대 이상의 행운이었던 셈이다.

나름대로의 정치철학도 가지고 있었던 나가타는 이시하라를 잘 활용하여 쇼와 시대 육군의 근대화와 전략에 힘썼던 것은 틀림없다. 이와나미 시게오[69] 같은 출판문화인부터 시작해 재계인들에 이르기까지 폭넓게 교유했던 나가타는 이시하라 못지않은 독서가였으며 사회과학도 이해할 수 있었

---

67) 永田鐵山. 1884~1935. 전시에 국가 총력전 체제를 추진한 인물. 통제파의 중심인물.
68) 相澤事件. 1935년 8월 황도파인 육군 중좌 아이자와 사부로가 통제파인 육군성 군무국장인 나가타 데쓰잔을 집무 중에 참살한 사건.
69) 岩波茂雄. 1881~1946. 일본의 출판인. 이와나미쇼텐의 창업자.

던 드문 군인이기도 했다.

나가타 데쓰잔이 육군의 중추를 맡아 계속 일을 해왔다면 아무런 전략도 없었던 중일전쟁이나 대미전쟁이 벌어질 가능성은 그리 없었을 것이다. 정치 전략이 없는 도조가 일본사의 중요한 국면에서 국가의 키를 쥐고 있었다는 것은 일본 국민에게는 불운이라고 할 수밖에 없다. 도조는 소심한 데다가 권모술수로 획득한 지위를 유지하려고 절치부심하던 사람이었다.

이시하라 간지와 도조 히데키는 지휘관의 일거수일투족에 병사의 생과 사가 걸려 있는 군인의 세계에서 자랐다. 본질적으로 학자나 공무원의 세계와는 다른 진검승부의 세계인 것이다. 원래 이런 종류의 조직에 필요한 인재는 제도나 기구에 의존하는 수재들은 아닐 것이다.

하지만 군인도 거대한 관료기구인 만큼 그 체제를 유지하기 위해서는 조직 운영의 재능도 필요하게 된다. 도조 같은 인물이 중용된 근거가 거기에 있었다.

### 사상의 유무

이 두 사람은 성격적으로 뿌리든 어울릴 수 없는 면을 가지고 있었다. 어느 사회든 같이 있으면 반드시 싸우는 사이가 있다.

기안 서류를 정리하는 경우에도 극명하게 갈려 문서를 만들고 동료와 상담하면서 결정하는 타입인지 아닌지, 혹은 다른 사람까지 불러 의견을 듣고 합의하는 인물인지 아닌지, 우리 주변을 생각해 보면 된다. 이시하라와 도조의 일처리 방식은 매사에 달랐다.

두 사람을 알고 있던 전 참모는 도조가 지금 살아 있다면 도쿄대에 들어가 장래 국장 정도까지는 올라갔을 것이라고 말했다. 묘한 설명이다. 도조가 메모광이라는 것은 유명하다. 공부도 잘하고 기억력도 좋고, 노력가이기도 하므로 공무원으로서 꽤 출세했을 것이며, 특히 세금을 다루는 대장성(현 재무성) 주세국장쯤이 적당할 것이라고 그 참모는 계속해 말했다.

통산성(현 경제산업성)에서는 그게 불가능하다. 도조는 우직함과 규율의 표본이며, 융통성이 없어서 산업계의 산전수전 다 겪은 사람들과 만나는 것은 무리라고도 했다. 반면 이전 참모는 이시하라에 대해서는 어떻게 말해야 할지 그 실체를 설명하기가 몹시 어렵다고 했다. 아마도 그가 훗날 종교에 귀의해서 더욱 그랬을지도 모른다.

이시하라는 변동기와 혁명기에는 정치가도 될 수 있었을지 모른다. 내 생각으로는 개인의 전문성을 발휘하여 승부하는 학자가 제일 어울리는 것 같다. 학계에서는 실력만 있으면 다소 기벽이 있거나 건방진 성격도 대충 눈감아 주는 경향이 있다.

카메라나 발성영화에 열심이었던 이시하라에게는 이과 쪽 학문이 어울렸을 것이다. 천재성과 구상력 모두를 다 갖추고 있기 때문에 수학과 물리를 전문으로 해도 이상할 건 없다. 혹시 그라면 필즈상[70]이나 노벨상 수상자에 준하는 천재적인 학자가 됐을지도 모른다. 이과의 학문이라면 재능과 업적의 결과가 확실히 나뉘는 만큼 군인사회처럼 질투로 인해 재능이 사장될 위험은 아직까지는 많지 않다.

이시하라는 어디까지나 고독한 천재였고, 끈질기게 타인을 설득하는 능력과 타협성은 부족했다. 나쁘게 말하면 게으른 데다가 포기하는 것도 빨랐다. 이시하라의 독창성은 콩쿠르 같은 데서 집단심사를 받는 예술가가 되었더라도 성공했을지 모른다.

이시하라는 그렇다 해도 도조가 학자나 예술가가 되리라고는 상상도 할 수 없다. 도조는 그 나름대로 머리가 뛰어나지 않다는 것을 자각했기에 노력과 공부로 인생을 보완한 남자였다. 군인으로서 필요한 지식 외에는 모든 일에 둔감하거나 관심도 없었다. 소설 같은 것은 읽지도 않았을 것 같다. 애당초 총력전

---

[70] 수학에 있어서의 노벨상' 이라고 불리는, 수학적 업적에 대해서 주어지는 국제적인 상.

에 대해 이야기할 만한 인재가 아닌 것이다. 이시하라 입장에서 보자면 도조의 교양 없는 태도도 경멸의 대상이었다.

인간은 모든 부문에서 완벽할 수는 없지만 특히 수재라고 불리는 사람 중에는 입체적 지식과 시각을 가지고 있는 사람이 많지 않다. 미일 전쟁을 단행한 도조나 그 주변 군인들이 미국의 국력과 지역 사정 등에 대해 전혀 몰랐던 것처럼 말이다.

이시하라는 죽기 직전 도조에 대해 고발할 것이 없느냐는 연합군 관계자의 질문에 '도조에게는 사상이 없다' '나에게는 사상이 있다' '사상이 없는 도조와는 대립하려야 대립할 수가 없었다' 라고 약간 묘하면서도 역설적이게 도조를 변호하여 어리둥절하게 만들었다.

### 수재사회의 논리

도조의 사례는 수재가 천재를 어떻게 질투하는지를 잘 보여주는 사례이다.

수험기술과 면접 요령을 잘 알고 있는 도시의 소년소녀들은 사회에 진출해서도 큰 실패를 하지 않는다. 그들은 매뉴얼화되어 있는 문제들에는 일정한 해답을 도출할 수 있다. 분명 이런 층의 안정된 존재는 어느 사회에나 필요하다. 적당한 수재가 많은 사회는 결코 나쁘지 않다.

그렇지만 이런 종류의 매뉴얼형 수재에게는 천재적인 성향을 가진 사람을 받아들이지 않는 배타적 경향이 있다. 태어날 때부터 가지고 있는 천성과 노력으로 얻은 안정감은 다른 것이다.

천재에게는 부주의한 면이 있다. 천재적인 인간은 타인이 자신에 대해 칭찬하는 게 당연하다고 생각하여 그런 말을 듣는 것을 무엇보다 기분 좋게 여긴다. 하지만 소크라테스의 제자인 크세노폰이 말한 것처럼 자화자찬이 얼마나 타인의 귀를 고통스럽게 하는지 알아야만 한다.

수재는 이처럼 부주의한 실수를 하지 않는다. 애당초 타인의 질투를 살 일이 없는 재능 없는 자신을 꾸준히 단련하고 익힌다. 무엇보다 자신의 능력과 한계를 정말 잘 알고 있기 때문에 적수가 될 수 없는 천재를 쓸데없이 질투하지 않는다. 이 둘의 조화가 잘 이루어졌을 때 조직의 역량은 최대로 발휘되며 인간관계도 성공한다.

하지만 실제 역사에서 이 균형이 잘 유지된 경우는 드물다. 비슷비슷한 수재만 있다면 '나도 그 정도는 할 수 있다'는 감정이 꿈틀대기 때문이다.

군인에게도 공무원이나 회사원과 비슷한 부분이 있다. 출세를 하기 위해서는 주변사람들과의 관계가 중요한 것이다.

다른 사람들의 질투를 받거나 상사와 부하의 감정을 헤아리지 못하고는 더 이상 위로 올라갈 수가 없다. 이시하라 간지에게 좀 더 끈기와 안정감이 있었고, 도조 히데키에게 나가타 데쓰잔 정도의 배짱과 재능이 있었다면 쇼와 시대 일본의 진로도 달라졌을 거라고 많은 사람들은 지적한다.

나에게는 그렇게 단정할 수 있을 만한 근거는 없다. 하지만 사실 도조에게는 이시하라나 나가타가 가진 전략적인 안목이 전혀 없었다. 그처럼 동료나 부하의 재능을 시기하는 권위주의적인 타입은 일본의 조직 지도자들에게서 지금도 자주 발견된다. 후쿠다 가즈야[71]는 도조에 대해 일국의 지도는커녕 관동군 참모장조차 제대로 못할 위인이라고 혹평했다. 이 지적은 꽤 타당하다.

그래도 도조는 정치 조직의 조종자로서 뛰어난 재능과 탁월한 능력을 가지고 있었다. 관동군 참모장 시대, 이시하라가 세운 만주국 건설 5개년 계획을 실행하는 데 적극 참여한 것은 도조였다. 이시하라에게도 도조의 정치력을 이용할 만한 교활함이 있었고, 도조의 명예욕을 잘 활용했다면 두 사람의 관계와 쇼와 시대의 정치 풍경은 달랐을지도 모른다.

---

71) 福田和也. 1960~. 일본의 문예평론가.

### 천재 군인에게 필요했던 것

두 사람의 관계가 처음부터 나빴던 것은 아니었다.

이시하라는 사관학교에서 4기 선배, 5살 연상이었던 도조의 시원스러운 추진력을 젊은 시절에는 되레 존경했다. 도조도 이시하라의 두뇌를 높이 평가했었다니, 개인적인 감정에 치우치지 않았던 시기도 있었던 것이다. 역시 나가타 데쓰잔이라는 무게중심이 없어지고, 관동군 참모장과 부장이라는 상하관계가 되자 급격히 사이가 악화된 것일까.

그래도 도조가 만주국에서 종사하는 일부 일본계 관리들의 뇌물 수수를 엄격히 적발한 것을 이시하라는 좋게 평가했고, 이시하라의 관저에 하녀를 보내 보살피도록 하는 등 회유와 배려도 도조가 보였을 정도였다. 천재인 이시하라 쪽에도 분명 책임이 있다. 적극적으로 험담을 늘어놓았던 것은 이시하라였고, 도조는 이시하라에 대한 반감이나 질투를 전혀 드러내지 않고 그저 쓴웃음만으로 넘겨버리는 재능도 가지고 있었다.

하지만 도조는 이시하라에게 받은 수모를 잊지 않았다. 육군대신이 된 도조는 인사권을 휘둘러 교토의 제16사단장이었던 이시하라를 예비교(퇴관)로 쫓아냈다. 당시 육군에서는 이 뛰어난 인재를 아까워하는 목소리가 여기저기에서 들려왔다. 이렇게 육군은 전략적 구상력을 잃은 채 미일전쟁의 나락으로 빠져들어갔던 것이다.

이시하라의 정치적 끈기와 정치 기술의 부족은 참모본부 작전부장이었을 때(1937년) 중국 북부에서의 전쟁 확대를 반대하면서 도중에 중일전쟁[72]의 휴전 노력을 방치했던 점에서도 잘 드러났다. 관동군으로 좌천된 데다 지병의 악화 등으로 마음이 편치 않았을 테고, 평범한 도조의 지휘가 전부 다 마음에 들지 않았을 테지만 말이다.

어떤 한여름의 참모회의에서 도조 일행이 군복을 완벽하게 갖춰 입고 똑바로 테이블 앞에 앉아 있는 광경을 상상해 보라. 그곳에 나타난 이시하라는 곧바로 군복의 단추를 풀고 셔츠 차림이 되어 버린다. 바로 이런 면이 도조와 이시하라의 차이였다.

이시하라에 의한 도조 비판의 감정적 흥분 속에는 질투심 같은 것은 없다. 있는 것은 유치한 반발심과 소박한 대항의식뿐이다. 이시하라에게 필요했던 것은 어떤 동료에게나 그 나름대로의 장점과 특징이 있고 그것에 대해 때로는 솔직히 질투도 할 수 있는 양질의 감성이었을지도 모른다.

---

[72] 1937년부터 1945년 사이에 일본과 중화민국 사이에 벌어진 전쟁.

# 7

# 독재자의 업보

공화제 로마의 독보적인 존재 카이사르가 어둠속에 묻힌 것과는 반대로 훗날의 독재자, 그 중에서도 공산주의 체제 하에서의 지도자들은 자신의 질투심을 체제내부에서 교묘히 조화시켰다. 일찍이 스탈린은 투하체프스키를, 마우쩌둥은 류사오치를 죽음으로 몰아넣었다.

독재자의
업보

## 암살을 초래한 오만

왜냐하면 그는 단순히 고고한 명예, 즉 계속 유지해온 집정관직, 종신 독재관, 게다가 최고사령관직에 자신의 개인 이름을 쓰는 것, 국부라는 존칭, 왕들 사이에 놓인 조각상, 극장 귀빈석 상단이라는 고정석을 얻었을 뿐만 아니라 더 나아가 죽은 인간에게 부여하는 한계를 뛰어넘는 명예가 결의되었음에도 태연히 묵인했다. 원로원 의사당과 법정에 있는 황금으로 된 고관용 의자, 경주장에서 벌어지는 개막식 행렬에 그의 조각상을 운반하는 마차와 화장품을 담은 수레, 그의 신전과 제단, 신상과 나란히 놓인 그의 조각상, 카이사르 사제, 르페르쿠스 신관단, 그의 이름(율리우스)을 붙인 달의 이름. 이렇게 그는 온갖 명예를 받아들이거나 스스로 부여했던 것이다. (《로마 황제전》상 제1권 17절)

기원전 49년 로마 내란을 진압하고, '종신 독재관'의 지위를 손에 넣은 카이사르의 화려한 생활과 안하무인의 행실은 사람들의 질투를 사지 않을 수 없었다.

그 원인을 알려고 하면 위에 인용한 전기작가 스에트니우스의 문장을 읽어보면 된다. 아울러 동료들로부터 미움을 받지 않으려면 너무 고고한 명예를 원해서는 안 된다. 그런데 카이사르는 반감을 사기에 충분한 짓을, 그것도 도발적으로 추구했던 것이다.

1세기의 스에트니우스도 소개했듯이 카이사르는 카피트리움 신전 안에 있는 고대 로마 7인의 왕들 조각상에 자신의 조각상도 나란히 놓았다. 또한 르페르쿠스('늑대의 지킴이')라는 원시신에 대한 제사와 맞먹는 카이사르 신관단을 만들고, 그 신전에서 신격화된 카이사르를 모실 사제들까지 선발했던 것이다. 질투뿐만 아니라 반감과 증오까지 받을 만했다.

카이사르는 말하지 않아도 될 도발적인 언행도 서슴없이 반복했다. 예를 들면 "공화국은 백일몽이다. 실체도 외형도 없다" 같은 말은 원로원 의원들의 눈살을 찌푸리게 할 만한 말이었다. 사람들은 카이사르에게 더 한층 조심스럽게 말을 해야 했고, '내 말은 법과 같다' 는 오만한 말에도 민주적인 로마 사람들은 견딜 수 없었을 것임에 틀림없다.

원로원 의원들이 전원 카이사르에게 명예를 바치기로 결의하고 다가갔을 때도 그는 자리에 가만히 앉아 대응했다. 이것은 황제나 할 만한 행동이었다. 같은 의원들의 자존심은 상처를 받았고, 질투의 불꽃은 분노의 불길로 옮겨갔을 것이다. 기원전 44년, 55세의 카이사르는 암살당해 마땅한 짓을 하여 암살당한 것이었다.

### 배척당한 절대자

카이사르도 남몰래 질투한 사람이 있었던 모양이다. 카이사르로서는 아무래도 군사들을 잘 다루는 폼페이우스를 강하게 의식했다. 두 사람은 부호인 크라수스와 함께 기원전 60년 원로원에 대항하여 권력을 독점하기 위해 삼두정치를 시행했다. 원로원의 반대로 인해 개별적으로는 얻지 못했던 결과물을 단결하여 획득하려 한 것이다. 하지만 삼두정치는 기원전 53년 크라수스의 전사로 해체되었고, 폼페이우스와 카이사르는 정면으로 대결할 운명에 처하게 되었다.

실제 기원전 60년대 지중해 전역에서 가장 유명했던 인물은 폼페이우스였다. 그야말로 군사적인 면에서 천재라고 하지 않을 수 없는 남자였다. 폼페이우스는 아프리카로 도망친 술라의 정적(政敵)을 죽이고 돌아왔을 때 실력자인 술라[73]의 총애와 더불어 스물다섯이라는 젊은 나이에 개선식을 하는 영예도 얻었던 것이다. 술라는 카이사르를 비호한 마리우스의 정적이었던 인물이다.

로마는 기원전 3세기부터 2세기에 걸쳐 지중해의 패권을 둘러싸고 해양민족인 페니키아인의 식민지 국가 카르타고와 세 번에 걸친 포에니 전쟁을 벌였다. 이것은 고대의 '세계대전'이라 할 만한 것이었다. 이 전쟁은 양쪽 편 모두에 영웅을 만들어냈다.

그중에서도 제2차 전쟁에서 스페인 중심의 세력을 둘러싼 카르타고의 한니발은 이탈리아 반도까지 공격해 들어가 칸네 전투(기원전 216년) 등에서 로마군을 격파한 영웅이었다. 하지만 스키피오 아프리카누스(대 아프리카누스)는 패전 세력을 수습하여 자마 전투(기원전 202년)에서 한니발을 격퇴하고 로마에 승리를 가져왔다. 이 스키피오 아프리카누스조차 자마에서 승리하여 귀국한 그 해가 서른네 살이었고, 그때

---

[73] Lucius Cornelius Sulla Felix, 기원전 138~78. 고대 로마의 장군이자 정치가.

처음으로 개선식을 실현시켰을 뿐이다.

폼페이우스는 스키피오도 못했던 로마 사상 최대의 쾌거를 간단히 이룬 청년인 것이다. 그래서 술라는 농담처럼 그를 '폼페이우스 마뉴스'라고 불렀다. '대 폼페이우스'라는 의미였다. 실제로 그는 엠페러(emperor)의 어원이 된 절대지휘권(인페리움)을 획득했지만 이것은 나이나 경험을 생각해 본다면 참으로 이례적인 일이었다.

카르타고 전투의 영웅인 스키피오는 눈부신 무훈을 세워 다른 사람들을 압도했다. 자마 전투에서 특히 혁혁한 무훈을 세웠던 스키피오는 원로원의 보수파들로부터 맹렬한 질투를 받아 돌아오자마자 바로 실각하고 말았다. 영웅을 매번 바꿈으로써 한 개인의 힘이 너무 도드라지지 않도록 하는 것이 로마의 방식이었다. 카르타고의 한니발 쪽도 그 후 주변 사람들의 외면 속에서 자살했다(기원전 183년).

폼페이우스의 화려한 활동을 질투했던 것은 삼두정치의 일각을 담당하고 있던 크라수스였다. 하지만 마흔세 살의 크라수스에게는 인망이 없었다. 그래도 두 사람은 기원전 70년에 함께 집정관이 되었다. 그때 카이사르는 무엇을 하고 있었을까.

카이사르는 시오노 나나미의 교묘한 표현을 사용하면, 지위도 돈도 권력도 없어 술라 사후의 정세에 이렇다 할 대응도 하지 못하고 폼페이우스가 하는 대로 사태를 맡겨둘 만큼 미숙했다. 좋게 말하면 대기만성형, 나쁘게 말하면 플레이보이의 명성밖에 없었으므로 모두가 중요시하는 소중한 인재라고는 여겨지지 않았다. 그런 만큼 카이사르는 남몰래 폼페이우스에게 질투를 품고 있었다 해도 이상할 것은 없다.

그나저나 전성기에 폼페이우스가 보여준 출중한 군사적 기량에는 놀라움을 금치 않을 수 없다. 지중해 전역에서 발호한 해적들을 소탕했을 당시의 작전은 후세의 전략가들이 상찬했던 해군전략의 표본이 되었다. 서쪽으로부터 동쪽으로 작전 실시 구역을 13등분하여 몰아가는 작전을 세웠던 것이다. 마침내 해적의 약탈에서 벗어난 그리스인들은 폼페이우스를 신이라고까지 부를 정도였다.

하지만 폼페이우스는 대인관계 면에서, 실패도 좌절도 모른 채 오직 성공만 거듭해온 남자들이 흔히 그렇듯 동료의 불행을 태연히 바라보았던 냉혹한 남자였다.

장년이 되어서도 폼페이우스는 체력뿐만 아니라 성공에 필요한 모든 것을 가지고 있었던 것 같다. 정치력, 군사력, 대중의 지지도, 그 외 다른 모든 게 그에게는 있었다. 그래서 동료들의 질투까지는 계산에 넣지 못했는지도 모른다. 자신만만한 사람들이 빠지기 쉬운 함정이다.

그는 19세기 스위스의 역사가 부르크하르트가 말한 '한 명의 인물' '위대한 개인'이 될 가능성이 있었다. 하지만 실제로 그렇게 된 것은 다른 남자인 카이사르였다. 그 카이사르도 질투와 반감이 소용돌이치는 로마 정치의 복잡함에 발목을 붙잡혀 비참한 죽음을 당했지만 말이다.

카이사르의 조카인 옥타비아누스는 영웅의 실패를 자세히 관찰했다. 남자의 질투가 얼마나 무서운지 그만큼 잘 아는 인물도 없다. 기원전 27년에 '아우구스투스(존경받는 자)'라는 이름으로 로마 초대 황제로 추대되고 나서도 옥타비아누스는 '프린케프스(동료들 가운데 일인자)'라는 겸손한 칭호를 평생토록 좋아했다. 거기에는 충분한 이유가 있었던 것이다.

### 독재자가 독재자인 이유

개인적인 원한과 질투를 반드시 공적인 세계로 가지고 들어와 보복하는 데는 히틀러 같은 독재자도 소련의 스탈린을 못 따라갈 것이다. 사담 후세인도 그저 소심한 스탈린 정도에 불과하다.

공포와 독재의 소비에트 체제를 만든 스탈린으로 말하자면 천재적 혁명가 트로츠키에 대한 질투심이 유난했던 인물로 잘 알려져 있다. 분명 당의 관료(아파라치키)를 이끄는 행정가와 세계 혁명의 조직자 사이의 관계는 천생연분 같은 것이었다.

하지만 후세인이 이라크 군사령관들을 최대의 라이벌로 보고 군인들의 숙청을 계속 반복했듯이 스탈린도 제2차 세계대전을 전후로 하여 많은 붉은 군대 장성들을 살해했다. 이것이야말로 독소전[74] 초기에 적군[75]이 고전한 중요 원인 가운데 하나였다.

1937년 6월 8인의 적군 최고 간부가 총살되었다. 혐의는 독일과 비밀리에 내통했다는 것인데, 사실은 스탈린의 의심과 질투심 많은 성격을 이용한 히틀러의 모략이었다는 설도 상당히 설득력 있게 퍼져 있다.

이 사건은 흡사 3세기 적벽대전을 앞두고 오나라의 최고 두뇌라 할 수 있는 주유가 위나라의 수군력을 저하시킨 정보전을 연상케 한다. 주유는 조조를 시기심이라는 함정에 가둬두기 위해 기밀정보를 고의로 유포, 수군의 리더인 채모와 장윤을 처형시키는 데 성공했다. 조조 또한 스탈린적인 요소가 있는 사람이었던 것이다.

붉은 군대를 숙청하는 과정 중에서도 미하일 투하체프스키 원수가 죽게 된 배경에는 스탈린의 무서운 질투심이 숨어 있었다.

이야기는 1917년 10월 혁명으로 볼셰비키(훗날 러시아 공산당)가 권력을 장악한 때로 거슬러 올라간다. 레닌이 이끄는

---

74) 제2차 세계대전 중 독일과 소련이 벌인 전쟁(1941~45).
75) 赤軍. 1918년부터 1946년까지의 소련 육군의 명칭.

볼셰비키는 영국과 프랑스 양국의 지원을 받는 폴란드를 최대의 위협으로 보고 있었다. 또한 폴란드는 세계 혁명을 성공시키는 데 키 역할을 한 독일과의 사이를 가로막는 장해물로서 눈엣가시였다.

1920년 4월 폴란드는 소비에트 러시아를 급습했다. 우크라이나의 볼셰비키 정권이 무너지자 모스크바는 패닉상태에 빠졌다. 폴란드 군의 진격을 막을 수 있었던 것은 서부 방면의 군대와 남서부 방면의 군대였는데 그 가운데 서부 방면군의 지휘를 맡고 있었던 것은 27세의 투하체프스키였다. 그리고 정치위원(코미살)으로서 남서부 방면의 군대 실권을 장악하고 있었던 남자야말로 스탈린이었던 것이다.

투하체프스키의 용병술이 성공, 붉은 군대가 역습을 가하는 한편 8월에 폴란드의 수도 바르샤바를 함락하기 직전까지 몰아붙였을 때 투하체프스키는 스탈린에게 남서부 방면 군대에 있는 기병군대를 바르샤바로 파견해줄 것을 요구했다. 그러자 스탈린은 교묘히 회피하며 거부했다. 이 배경에는 스탈린의 투하체프스키에 대한 깊은 적의가 숨어 있었다.

스탈린은 루보프 탈환이라는 평범한 작전에 이 기병을 사용했는데 이것은 붉은 군대의 귀중한 병력을 분산시켜 헛힘만 쓴 데 불과했다. 바르샤바 공략 작전이라는 세계 혁명의 커다란 게임에 귀중한 손발을 사용하지 못한 것은 전쟁이 시작되고 나서부터 몇 개월 동안 이 젊은 장군이 성공을 거듭하는 것에 대해 시기하고 그 재능을 질투했던 이유 외에는 아무것도 없었다.

투하체프스키는 1893년 2월에 태어난 천재적인 군인이었다. 또한 모친이 문호인 톨스토이의 집안과 닿아 있는 명문 귀족 혈통이었다. 알코올 중독자에 그루지아의 구두수선공 아들인 스탈린이 가장 싫어할 만한 타입이었다.

당시의 붉은 군대는 '군사 전문가'라는 명목으로 구제국 군인을 등용, 그 정치적 충성심을 감시한다는 의미로 정치위원이라는 제도를 만들었다. 두 사람은 제도적으로도 대립할 숙명이었던 것이다.

스탈린은 내전의 영웅인 트로츠키에 이어 젊은 투하체프스키가 자신을 뛰어넘어 세계 혁명의 스타가 되는 것을 용서하지 않은 것이다. 기량도 혈통도 좋은 귀족 출신의 장군에게 바르샤바 점령의 공을 넘겨주고 싶지 않았을 것임에 틀림없다. 야심만만한 정치위원 스탈린이 어디든 상관없으니까 바르샤바 외의 대도시를 점령하고 싶었던 것은 자연스러운 행동이었다. 그래서 루보프 작전이라는 평범한 디자인을 그려냈던 것이다.

지원이 없었던 폴란드 전쟁은 소비에트의 무참한 실패로

끝났다. 이에 레닌은 격노했다. 1920년 9월에 레닌의 제안으로 스탈린은 혁명군사평의회 정치위원에서 파면당하고 말았다. 이렇게 스탈린은 레닌과 트로츠키에 의해 폴란드 붉은 군대 패배의 책임을 졌던 것이다.

하지만 투하체프스키에 대한 질투심이 사라지지 않았던 스탈린은 가만히 복수의 기회를 엿보았다.

### 용기 있는 볼셰비키의 죽음

투하체프스키 측에서 패전의 책임이 스탈린에게 있다고 확실히 밝힌 적은 한 번도 없었다.

오히려 투하체프스키는 바르샤바로 지원군을 보내주겠다는 스탈린의 거짓 약속을 오히려 호의적으로 평가하려 했다.

투하체프스키와 친했다는 독일 국방군의 어느 장군은 그의 독일어 능력과 전쟁사 지식을 높이 평가했다. 또한 38세가 되어 국방대신 대리의 지위에 올랐을 때 투하체프스키는 전차와 비행기를 중심으로 당시로서는 터무니없는 붉은 군대의 현대화와 군비 확장을 달성했다. 1928년에 61만7천 명에 불과했던 붉은 군대 병력은 1935년이 되자 국경경비사단까지 포함해 2백만 명이 넘는 몬스터로 변모해 있었다. 투하체프스키는 장차 독일과 전쟁을 하더라도 강력한 타격을 입허 적을 섬멸할 수 있다고 호언장담했다.

하지만 1931년 이후 혜성처럼 승진한 투하체프스키의 스타성, 붉은 군대 현대화의 커다란 업적, 일류 군사이론가로서의 국제적 명성 등은 스탈린의 자부심을 여지없이 상처 입혔다. 여기에 구러시아 제국군의 증오와 질투가 얽혀드는 것은 시간문제였다.

스탈린은 단순히 투하체프스키의 군인으로서의 천성에 불쾌감을 품고 있었던 것만은 아니었다. 투하체프스키의 외국 문학에 대한 조예와 음악적 재능은 전문가 못지않은 경지였다. 쇼스타코비치와의 교류는 너무나도 유명하다.

지식인들과 대등하게 토론할 수 있는 교양과 거리낌 없는 교제, 여성 관계에 있어서도 화려한 성공을 거둔 것은 스탈린으로서는 도저히 따라잡을 수 없는 소질이었다. 투하체프스키는 여자들에게 특히 인기가 많았다. 세 번의 결혼과 다채로운 여성 관계는 당시 입이 험하기로 소문난 붉은 군대 장교단 안에서 가장 인기 있는 화제였을 것이다. 하지만 그의 염문은 엄격한 청교도적인 생활을 보내고 있던 스탈린의 눈살을 찌푸리게 했을지도 모른다.

좀 더 본질적인 문제는 이제 조금만 더 있으면 크렘린의 전제군주 지위를 최종적으로 다지려 하고 있던 스탈린에게 트로츠키의 해외 추방 후 투하체프스키가 최대의 라이벌로 부상한 점이었다. 영웅을 간절히 바라는 세계에서 투하체프스키 장군은 과거의 트로츠키 이상으로 스타성을 가지고 있었다.

투하체프스키는 부주의하게도 야심만만한 자신의 속마음을 숨기려 하지 않았다. 그는 어느 편지에서 자신의 보장받은 미래를 자랑했다. 자신은 언젠가 '붉은 나폴레옹'으로서 역사에 남을 것이라고 단언했다. 그가 상당한 야심가라는 것을 직감한 것은 스탈린뿐만이 아니었다. 질투에서 비롯된 사람들의 경계심이 권력에 대한 위협과 결부되었을 때 투하체프스키의 운명은 이미 결정 난 것이나 다름없었다.

체포된 장군은 비밀군법회의에서 사람들을 떨게 만들 만한 발언을 노골적으로 입에 담았다. "스탈린에게 말해라. 놈이야말로 인민의 적, 붉은 군대의 적이다!"라고. 그 어느 때고 이렇게 과감하게 용기 있는 법정 발언을 한 볼셰비키가 있었을까. 1937년 6월, 혁명과 내전의 이 영웅은 모스크바 중심부인 루비안카에서 처형되었다.

투하체프스키는 살아 있을 때 "1941년 봄 파시스트 독일은 2백 개 사단에 이르는 병력으로 소비에트 연방을 공격해 올 것이다"라는 묵시록적인 예언을 남겼다. 1941년 6월 22일 독소전쟁이 시작됐다. 독일이 180개 사단 병력으로 일제히 소비에트 국경을 넘어온 것이다.

### 공산주의의 후유증

마오쩌둥의 질투심도 스탈린에 못지않을 만큼 깊었다.

중국 공산당 제8회 전국대표회의(1956년)에서 류사오치 부주석과 덩샤오핑 부수상은 마오쩌둥이 국가 주석을 사임하겠다는 말을 그대로 받아들였다. 대회 전부터 마오쩌둥은 국가 주석을 그만두겠다고 주변사람들에게 말하고 있었다. 물론 마오는 주변에서 만류할 것이라고 생각했고, 그러면 모른 척 만류를 받아들여 주석 자리에 계속 머물 생각이었다. 또한 마오쩌둥에 의한 사임 표명은 동료들의 충성심을 떠보는 정치적 전술이기도 했다.

류사오치와 덩샤오핑은 마오의 의도를 잘못 파악했던 것일까. 아니면 알고도 모르는 척 사표를 수리했던 것일까. 분명 후자일 것이다. 덩샤오핑은 마오쩌둥이 휴양을 하고 싶다면 당 대회를 빠져도 상관없다며 당은 개인숭배를 받아들이지 않겠노라 공언했다. 상처에 소금을 뿌리는 행위나 다름없었다. 분명 마오쩌둥은 이 정치적 악의에 대해 격노했을 것이다.

애당초 마오쩌둥의 감각에 따르면 자신은 동료들 위에 서는 제일인자일 뿐만 아니라 '황제'였다. 하지만 집단합의제는 어쩔 수 없는 대세였다. 이때 마오쩌둥은 힘을 합쳐 대두한 두 사람에게 위협을 느꼈을 뿐만 아니라 질투와 경계심의 불꽃이 맹렬히 타올랐음에 분명하다.

분명 마오쩌둥은 1959년에 사임하지 않을 수 없었다. 류사오치가 국가 주석이 됐으므로 중국에는 주석이라는 이름을 가진 자가 두 명씩이나 있게 되었던 것이다. 류사오치는 어제까지의 '류 동지'가 아닌 '류 주석'이 된 현재, 절대적인 권한을 갖게 되었다. 류는 마오와 상담하지 않고 행동했다.

하지만 그대로 물러설 마오가 아니었다. 그는 권력 탈환을 위해 끝까지 싸우려고 각오했다. 1965년에 류사오치가 결핵에 걸렸을 때 마오는 당 최고 간부에 대한 예우 차원이었던 특별의료 활동을 정지시키는 조치를 취했다. 이 얼마나 냉혹한 처사인가

류사오치는 다행히도 건강을 회복했지만 마오쩌둥 사상은 현실의 직시와 정책적 해결의 근거가 되지 못한 채 중국 대륙의 온갖 사람들을 광기로 이끄는 만토라(경문) 역할만을 맡게 되었다. 그 예로 마오쩌둥이 주창하여 1957년 말부터 시작된 대약진은 공업과 농업으로 고도성장을 이루기 위한 운동이었지만 1960년에는 생산이 격감하여 인류 역사상 최악의 굶주림을 불러오게 되었다. 이때의 사망자 수가 2천5백만 명에서 3천만 명이라고도 하며, 4천3백만 명이라고도 한다.

복수의 기회를 노리고 있던 마오쩌둥은 류사오치에게 제8회 당대회에서 자신을 사임하도록 종용한 데 대한 책임 추궁을 잊지 않았다. 1968년 10월에 추방당한 류사오치는 당의 제명, 홍위병에 의한 학대를 받았으며 1969년 11월에 중병에 걸려 개봉 땅에서 병사했다. 마오는 류에 대한 질투와 증오를 보복으로 완결시킨 셈이다. 마오쩌둥에게 타인의 능력과 인망에 대한 질투는 이상한 성욕과 함께 죽을 때까지 투쟁 의욕을 주는 원동력이 되었다. 67세가 되어도 '마오쩌둥의 성적인 욕구는 나이와 함께 강해져 갔다'고 측근이었던 의사는 회고했다.

질투는 조크가 아니다. 특히 평등주의를 이상으로 삼는 사회에서는 시기와 질투가 무성하여 국가의 활력을 저해한다.

그런 의미에서 마르크스주의와 공산주의의 죄는 깊다. 이것은 평등사상의 미명 하에 인간의 질투를 구조화하고, 밀고나 중상모략을 일상화하는 체제로 만들었기 때문이다. 북한은 지금도 그렇다. 자신의 노력이나 역량 부족은 제쳐두고 다른 사람의 재능을 시기하거나 성공한 사람을 추락시키는 정치 문화는 스탈린이나 마오쩌둥이나 김일성 체제를 속빈 강정으로 만들었다.

미운 적을 '투적(妬敵)'이라고 흔히 말하고는 한다. 북한은 물론이고 러시아나 중국도 '투적'을 활발하게 고발하는 '투해(妬害)'의 후유증으로부터 완전히 자유로울 수는 없다.

# 8

# 형제라서 더욱 격렬한 질투

시마즈 요시히사와 요시히로, 나코에 황태자와 오아마 황태자, 미나모토노 요리토모와 요시쓰네, 나가오 하리카게와 우에스기 켄신, 도쿠가와 이에미쓰와 마사유키. 뛰어난 아우 때문에 전전긍긍하는 형은 셀 수 없이 많다. 아주 드문 예외는 다케다 시게의 신뢰를 한 몸에 받은 노부시게 정도뿐.

#  형제라서 더욱 격렬한 질투

## 최악의 질투

문득 어느 것에 생각이 미쳤다. 이에야스도, 마사노부도 마찬가지였다.

"그건가?"

"그래요. 그겁니다."

이에야스는 그 대답을 확인하듯이 고개를 끄덕였다. 그리고 활짝 웃음을 터뜨렸다.

"정말이지, 형제는 어쩔 수가 없군."

"맞습니다."

마사노부도 수긍했다.

― 질투심이다. 요시히로의 명성에 대한 요시히사의 질투. 있을 수 없는 일은 아니었다.

《시마즈 달리다》상)

소설가 이케미야 쇼이치로[76]는 조선 출병 후 도쿠가와 이에야스가 후시미성(伏見城)에서 시마즈 요시히사를 불러 아우인 요시히로의 무용을 칭찬하자 그가 예민하게 반응하는 걸 보고 당황하여 가신인 혼다 마사노부[77]와 얘기하는 모습을 절묘하게 그리고 있다.

게이초노에키[78]에 참전한 시마즈 요시히로는 조선의 사천 전투에서 고작 6, 7천 명의 병력으로 20만이나 되는 명과 조선의 군사를 물리쳤다. 이때 명나라와 조선 측의 사상자는 10만에 달해 시마즈의 전과야말로 전체 일본군으로 하여금 조선으로부터의 퇴각을 가능케 했던 것이다. 게다가 시마즈가 후미를 책임졌기 때문에 군대가 마지막까지 무사히 조선에서 후퇴할 수 있었다. 그 이후로 '석만자(石曼子)'라고 하면 조선에서는 우는 아이도 울음을 그칠 만큼 무서워했다고 한다.

---

76) 池宮彰一郎. 1923~2007. 일본의 각본가, 소설가.
77) 本多正信. 1538~1616. 에도 시대 초기의 무장. 어려서부터 도쿠가와 이에야스를 모신 가신.
78) 慶長の役. 1597년부터 1598년 사이에 벌어진 임진, 정유왜란을 말한다.

형인 요시히사가 질투심을 갖는 게 당연할 정도로 아우 요시히로의 명성은 너무나도 높았다. 동서고금의 역사를 다 들춰보아도 질투 때문에 싸움에 패하고, 나라가 멸망한 예는 셀 수 없을 만큼 많다. 그중에서도 최악의 질투는 형제간의 그것일 것이다.

 물론 기원전 5세기 시라쿠사(시칠리아섬) 왕국의 참주(僭主) 히에론처럼 학예와 관용을 존중하고 지조도 굳세어 세 명의 형제와 함께 질투심을 조금도 품지 않은 채 화목하게 산 사람도 있다. '참주'란 비합법적으로 정권을 장악한 독재자를 가리키지만 원래 나쁜 의미는 아니었다. 실제 히에론은 동생들을 진심으로 사랑했고, 그들 역시 존경했다.

 하지만 역사의 대부분의 경우는 어머니조차 독살한 디오니시우스 1세(기원전 405~367 재위)와 같다. 또 다른 이 시라쿠사의 참주는 해전을 벌일 때 형제인 레프티네스를 구해야 했음에도 불구하고 그저 수수방관하다 결국 전사하게 만들었다고 한다. 일부러 적의 손에 형제를 넘겨주었다는 설까지 있을 정도다. 같은 나라의 참주라 해도 히에론과는 상당히 다른 셈이다.

 일본에서도 형이 동생을 질투하는 이야기는 기록에 자주 나타난다.

나코에 황태자(中大兄皇子. 덴지천황)의 오아마 황태자(大海人皇子. 덴무천.황)에 대한 경계심, 미나모토노 요리토모[79]의 요시쓰네에 대한 시기심, 군대까지 바친 나가오 하리카게의 동생 우에스기 켄신[80]에 대한 질투심, 어머니의 편애를 받는 동생 도쿠가와 다다나가[81]에 대한 도쿠가와 제3대 쇼군인 이에미쓰의 증오 등은 동생의 실력을 두려워했기 때문만은 아니었다.

같은 배에서 태어난 동생일 경우에는 부모의 깊은 사랑을 받는 그 동생에게 육친으로서 질투를 한 것이다. 요리토모의 경우에는 어머니의 피가 흐르고 있지 않은 만큼 동생 요시쓰네의 충성심에 대한 의심이 증오를 더욱 강하게 만들었다고 해도 좋을 것이다.

### 영웅은 나란히 설 수 없다

시마즈 요시히사가 동생인 요시히로에게 품은 감정은 복잡한 것이었다.

두 사람은 고작 두 살밖에 차이가 나지 않았다. 요시히사는 도요토미 히데요시가 규슈 평정전쟁(九州平定戰爭. 1587

---

79) 源賴朝. 1147~1199. 가마쿠라 막부 초대 쇼군.
80) 上杉謙信. 1530~1578. 일본 센고쿠 시대의 무장.
81) 德川忠長. 1606~1634. 에도 초기의 다이묘.

년)에서 지는 바람에 당주의 지위를 동생에게 넘겨줘야만 했다. 그의 분한 마음도 이해할 수 없는 것은 아니다.

그렇지만 요시히사도 평범한 무장은 아니었다. 대국을 보는 관점이나 전략적인 면만 보더라도 도요토미, 도쿠가와 시대의 우수한 인재였던 것이다. 요시히사는 동생의 명성이 점점 높아지자 미칠 듯한 질투심의 포로가 되었다. 안타까운 점은 요시히사 역시 결코 평범치 않았다는 점이다. 두 사람의 재능은 서로 팽팽했다. 조부인 다다요시가 요시히사는 '총대장이 될 재목', 요시히로는 '걸출한 무장'이라고 평가했을 정도였다.

요시히사는 신중한 처신이 장점이긴 했지만 도요토미 정권에는 최소한의 협력밖에 하지 않아 정치적 감각이 다소 부족한 게 아니었나 싶다. 이것은 사무라이들도 요시히사의 명령에는 선뜻 따르지 않아 멀리 교토로 행차할 때도 웬만해서는 모시려고 하지 않았던 점만 보아도 어느 정도 짐작할 수 있다. 아마도 천하를 장악하고 있던 도요토미 히데요시의 막강한 권세를 이해할 수 없었던 것은 자부심 강한 지방 다이묘 가문의 한계였을 것이다.

천하의 흥망이 걸려 있을 때 형제끼리 집안싸움을 하면 가문과 그들이 다스리는 영토의 안녕은 보장할 수 없는 법이다. 결국 형제의 질투는 가문은 물론이고 국가까지도 위험에 빠트린다.

사실 요시히사는 사천 전투 때 지원병을 보내지 않았고, 세키가하라 전투 때도 병력을 증파하자는 의견도 거부했다. 요시히사는 히데요시의 조선 출진에 무관심했는데 그것은 '집안을 망하게 만든 소행'이 되었다. 다른 다이묘 가문에서는 최대한의 병사를 조선으로 보냈는데, 시마즈 가문에서는 요시히로만이 참가했을 뿐이었다.

게다가 전쟁에 참전하고 있는 동안 요시히로와 그 가신의 영지를 요시히사의 가신이 횡령하는 좋지 못한 사건까지 일어났다.

결국 동생인 요시히로는 도요토미 가문의 부교[82]에게까지 중재와 개입을 의뢰할 만큼 위기감을 가졌다. 출병도 하지 않고 게으름피우던 사무라이들이 작당을 해 전쟁에 나가 있는 무사의 영지를 몰수하는 그런 부조리한 사건이 일어나게 된 것은 요시히사의 의사가 작용했기 때문이었다. 요시히사는 그런 성실치 못한 가신들을 통제할 생각도 없었던 것이다.

---

82) 奉行. 주군의 명령을 받들어 집행하는 직책 가운데 하나.

### 전체 상황을 파악하는 능력이 국가를 구한다

이와 같은 요시히사의 태업이야말로 사쓰마에서 다이코켄치[83]를 유발시킨 한 원인이었다.

이 두 형제는 정치 위기에 대처하는 방법, 도요토미 권력과의 거리감, 정치가로서의 자질 면에서 상당한 차이가 있었다. 과거의 구습에 젖어 있던 요시히사는 부하들에게 지나치리만큼 신경을 썼는데 그래서는 고루한 다이묘에서 벗어날 수 없었다.

1만 명의 군사 동원 능력을 가지고 있으면서도 세키가하라 전투에 1천여 명의 병력밖에 보내지 않은 것은 요시히사의 치명적인 작전 미스였다. 중립이라는 말은 듣기에는 좋지만 천하를 다투는 큰 싸움에서 애매한 입장은 허용되지 않는다. 시마즈 요시히사는 동생에 대한 질투 때문에 냉정한 정치 판단을 할 수 없었던 것인지도 모른다.

조선 출병과 히데요시 사후를 둘러싼 급변하는 정세에도 대응하지 못한 채 새로운 권력자와도 교분이 없었다면 상황을 파악하지 못한다는 의미에서 요시히사는 정치가로서 실격이나 마찬가지이다. 하지만 세키가하라로 출병한 1천여

---

[83) 도요토미 히데요시가 1582년에 벌인 전국적인 토지 조사.

명의 군사들은 요시히로를 존경하는 천군만마의 용사들이었고, 마지못해 동원된 자들은 한 명도 없었다. 이 용기와 결속력이 세키가하라에서 탈출할 때 유감없이 발휘되었다.

'시마즈의 탈출'로 알려진 요시히로의 적진 돌파 탈출은 너무나도 유명하다. 이에야스의 동군을 화살촉 모양의 진형으로 돌파한 요시히로 부대는 승산이 없는 수적 열세에도 불구하고 최종적으로 80여 명만 남긴 했지만 당당히 가고시마로 귀국한 것이다.

이시다 미쓰나리[84]의 서군에 가담했으면서도 결국 자신의 영토를 유지하는 한편 가문의 안녕을 이에야스로부터 얻어낸 것은 세키가하라 전투에서 적중 돌파 끝에 귀국한 요시히로 덕분이었다. 외교 교섭 능력은 상대방에게 자신을 얼마나 비싸게 파는가로 결정된다. 동서고금의 외교사를 보면 전쟁에 지고도 상대방에게 '만만하게 대할 수 없는 인물'이라고 생각하게 만든 측은 나름대로 성과를 얻는다.

서군의 총대장인 모리 데루모토는 세키가하라 전투에서 가만히 보고만 있는 대가였는지, 영지를 보존하게 해주겠다는 거짓 약속을 믿고 이에야스에게 오사카성을 넘겨주고 말

---

84) 石田三成. 1560~1600. 아즈치모모야마 시대의 무장.

앉다. 천하의 견고한 성을 쉽게 손에 넣은 이에야스는 모리처럼 의리를 앞세우는 사람이 아니었다. 아주 간단히 모리의 영지를 112만 석에서 37만 석으로 감봉해 버렸던 것이다. 모리는 후회막급이었을 것이다.

이와는 대조적으로 시마즈 요시히로와 그 아들인 다다쓰네는 수비를 더욱 견고히 하며 항전 태세를 무너뜨리지 않은 채 이에야스가 약 60만 석에 이르는 영지를 보장해 줄 때까지 끈적끈적하게 교섭을 끌었고, 마침내 이에야스의 약속이 담긴 서류를 얻어냈다. 이에야스의 가신이 보낸 편지를 순진하게 믿은 모리와 끈질긴 거래 끝에 이에야스의 문서를 손에 넣은 요시히로의 차이는 명백하다. 요시히로의 정치력에는 그저 놀랄 수밖에 없다.

그에 비해 형인 요시히사의 질투심은 명문 시마즈 가문을 멸문의 벼랑 끝으로 몰아갔다.

형의 동생에 대한 질투의 이유를 생각해 보면 곧바로 세 가지가 떠오른다. 첫 번째는 요시히로의 재능, 군사적 성공과 명성이 심적으로 요시히사를 압박한 것이다. 두 번째는 도요토미 정권이 요시히로를 당주로서 인정하고 영지의 중심부인 사쓰마와 가고시마를 요시히로에게 준 것이다. 세 번째는 요시히로의 외교 전략에 대한 위화감과 상류층 인맥에 대한 부러움 때문이었다.

형 요시히사의 질투를 어떻게든 교묘히 피한 동생 요시히로의 판단력과 대국관은 매우 훌륭했다. 그것은 요시히로에게 있는 여러 재능이 다 합쳐진 결과물일 것이다. 굳이 정리해 보자면 통솔자로서의 인격적 감화력, 나가고 물러서는 일에 대한 적절한 판단력, 정보 수집과 분석의 중시, 끈질긴 외교력쯤이 될까. 현대의 정치가에게도 반드시 필요한 조건들이다.

### 형을 대신해 죽은 현명한 동생

시마즈 요시히사, 요시히로 형제와 비교하면 센고쿠 시대에 가이(甲斐. 현재의 야마나시현)를 다스렸던 다케다 신겐과 노부시게 두 사람은 시라쿠사의 히에론 형제와는 다른 의미에서 형제간 우의가 돈독했다.

에도 중기의 유학자, 무로 규소는 《슨다이잡화[85]》에서 다케다 노부시게를 '현명한 사람'이라고 칭찬하고 있다. 반면 신겐은 아버지를 스루가(駿河. 현재의 시즈오카현)로 추방하고 군주가 됐을 만큼 '지극히 잔인한 형'이라고 혹독하게 평

---

[85] 駿臺雜話. 에도 중기의 전 5권의 수필집.

했다.

《명장언행록》을 저술한 오카노야 시게자노도 노부시게의 현명함을 절찬하고 있다. 편애는 질투를 불러일으킨다고 하지만 노부시게는 부친인 노부토라의 편애를 받으면서도 교묘하게 형의 비위를 맞춤으로써 질투와 시기를 피했다. 노부토라는 노부시게에게만 가문의 중요한 보물들을 하나씩 주면서 신겐을 무시했다. 하지만 노부시게는 현명하게도 아버지로부터 받은 물건들을 몰래 형에게 다시 주었다. 노부시게가 '똑똑하게 처신했다'는 말을 듣게 된 이유이다.

게다가 노부시게는 아버지를 추방한 형 밑에 계속 남아 있기로 했다. '위기 국면'임을 뻔히 알면서도 굳이 남은 것이다. 마음만 먹었으면 가문을 본인이 이을 수도 있었는데 주저 없이 형을 내세웠다.

처음 얼마 동안은 형의 '의심'을 받았을 것이다. 하지만 사심 없이 형을 모시자, 형제 사이에는 아무런 문제도 없었다고 한다. 노부시게는 나라를 위해 쉬지 않고 일하면서 신겐을 주군으로 존경하는 태도를 무너뜨리지 않았고, 그 결과 신겐도 진심으로 동생을 신뢰하여 의심하는 마음을 갖지 않게 되었다. 두 사람은 처음부터 마지막까지 한 몸이었다고 무로 규소는 칭찬하고 있다.

노부시게야말로 '충성과 신의와 성실'로 세상을 감동시킨 사람이었다. 1561년 가와나카지마(川中島)에서 우에스기 겐신[86]과 다케다 신겐 양군이 격돌한 전투는 옛날이야기와 시를 통해 일본 서민들의 상상력을 풍부히 살찌워 왔다. 안개 낀 저편에서 다케다의 본대로 다가오는 우에스기 겐신의 공세를 막고 몸을 바쳐 신겐을 구하기 위해 분전하다 죽은 것은 노부시게였다.

"나는 주군으로부터 두터운 은혜를 받은 자이기 때문에 만약 주군에게 무슨 일이 벌어지면 제일 먼저 나아가 죽겠다"고 늘 말하던 대로였다. 노부시게는 주군이 욕을 보면 신하가 죽음으로 갚아야 한다는 뜻을 늘 역설했다고 하니, 이때의 전사 역시 각오한 바를 실행한 것에 불과하다. 형인 신겐은 새삼 노부시게의 충성심과 성실함에 감동했을 것이다.

1. 바다가 들판이 되고 들판이 바다가 돼도 영원히 주군에게 두 마음을 품어서는 안 된다.
2. 아무리 친하더라도 부인들께서 기거하는 장소에 출입해서는 안 된다.
3. 모두 다 같이 대화를 나누다가 만약 여자에 대한 이야기가 나오면 슬쩍 눈에 띄지 않게 그 자리에서 물러나야 할 것이다.

위와 같은 노부시게의 계율에는 주군으로부터 의심을 사게 되면 결코 변명해서는 안 된다는 내용도 있었다. 무로 규소는 역경(易經)에서 말하는 '강(剛)을 알고 유(柔)를 아는 것이 만인의 바람'이라는 것은 이런 노부시게에게 딱 들어맞는 말이라며 극찬했다. 만약 일찍부터 노부시게를 다케다 가문의 후계자로 삼았다면 그 가문은 멸망하지 않았을 것이라고 잘라 말하기까지 했다. 정말 다케다 노부시게를 좋아했던 모양이다.

어느 스님은 노부시게에 대해 '문(文)이 있고, 무(武)가 있고, 예(禮)가 있고, 의(義)가 있다'고 기록했다고 한다. 참으로 노부시게는 모든 사람들이 싫어하지 않았던 것이다. 또한 당사자도 형 신겐이나 가신들을 질투했던 적이 없었음에 틀림없다.

다케다 노부시게와 비슷한 유형으로서 도요토미 히데요시의 아버지 다른 동생 히데나가, 도쿠가와 이에야스의 배다른 동생 호시나 마사유키를 꼽을 수 있다. 히데나가도 형을 잘

---

86) 上杉謙信. 센고쿠 시대 무장이자 다이묘이다. 형을 대신하여 당주의 자리에 앉아 주변의 다케다 신겐, 호조 우지야스, 오다 노부나가 등의 쟁쟁한 센고쿠 다이묘들과 전쟁을 벌였다. 스스로 비사문천의 화신이라 믿어 전장에서 뛰어난 군략을 보여 에치고의 용 혹은 군신이라 불렸다. 사심 없는 행동과 의리 있는 행동으로 인해 센고쿠 무장 중에서 최고의 인기를 누렸다.
87) 도요토미 히데요시의 측실인 요도도노에게서 태어난 서자.

따르는 현명한 동생이었지만 안타깝게도 노부시게처럼 형보다 먼저 급서했다.

도요토미 히데요시[87] 사후, 요도도노 히데요리가 가문을 다스리지 못해 가신들이 사분오열해 버리는 바람에 가문은 멸망하고 말았다. 간신히 이에미쓰의 목숨을 건진 호시나 마사유키만이 질투와 선망도 받지 않고 조카인 4대 쇼군 이에쓰나를 잘 보좌하여, 도쿠가와 15대에 걸친 치세를 반석 위에 올려놓았다. 여기에 대해서는 마지막 장에서 좀 더 말하도록 하겠다.

# 9

# 어울릴 수 없는 자들

모험심과 의협심에 사로잡혀 있는 스타 군인 고든과 투철하면서도 완고한, 그리고 유능한 관료 베어링. 아무리 그들 각자가 자신들의 임무에 천재적인 재능을 발휘하더라도 어차피 물과 기름일 수밖에 없는 두 사람. 최후에 남은 사람, 그리고 비참한 죽음을 택한 사람, 과연 영웅은 누구일 것인가.

#      어울릴 수
        없는 자들

### 누가 영웅을 죽였는가

1885년 1월 26일 고든 장군이 수비하는 하르툼 거리는 마침내 이슬람 급진파의 공격 앞에서 함락됐다.

청나일강과 백나일강의 합류점 바로 남쪽에 있는 하르툼은 19세기 이집트 지배기에 있던 수단의 중심지였다. 18세기 말 나폴레옹의 이집트 침략 후 내부의 혼란을 수습하고 오스만 제국으로부터의 자립을 꾀했던 이는 나폴레옹과 같은 1769년에 태어난 무함마드 알리였다. 그 이집트 왕조는 형식적으로는 오스만 제국에 소속되어 있었고 군주도 '부왕(副王)'이라 칭하였지만 시리아 방면으로의 영토 확장에 실패하자 오로지 남쪽의 홍해와 수단 방면으로만 영토를 확대했다.

하지만 무함마드 알리의 자손은 사치스러운 생활에 빠져 영국과 프랑스 등 외국으로부터 거액의 빚을 얻어 매일을 보냈다. 손자인 부왕 이스마일 시대에는 수에즈 운하를 개통하는 한편 거액의 빚 때문에 파산할 정도였다. 그 후 1882년에 민족주의자들이 반란을 일으키자 영국은 이권 보호를 위해 이집트를 점령하고 이어서 수단마저 점령해 버렸다.

결국 이집트는 영국의 사실상의 보호국이 되었다. 그런데 복잡하게도 이집트의 종주국은 여전히 오스만 제국이었고 이스탄불의 술탄이 '대왕'이었다. 또 이집트는 수단을 지배하고 있었기 때문에 이 땅도 1882년 이후 영국이 지배하는 숨겨진 종속관계가 성립하게 되었다.

수단의 이슬람 급진파를 거느린 무함마드 아마드는 1887년 마흐디(구세주)를 자칭하며, 이집트와 영국의 지배에 무력으로 저항하기 시작했다. 그 대공세 앞을 일찍이 중국에서 태평천국군을 물리친 남자가 막아섰다. 하지만 그 인물은 고립무원인 채로 폐사할 운명에 처하게 되었다. 이 비극은 찰턴 헤스턴 주연의 영화 〈카슘 공방전〉(1966년)으로 만들어져 널리 알려진 바 있다.

용감했던 그 남자의 이름은 찰즈 고든이었다. 이집트의 무함마드 알리 왕조는 행정과 군사 목적으로 외국인을 고용했는데, 영국인인 고든도 그런 외국인 가운데 한 사람이었다. 크리미아 전쟁에 종군했고, 필승 군대의 지휘자로서 중국의 태평천국의 난을 진압한 인물이었다.

19세기의 고든은 20세기의 아라비아의 로렌스와 함께 영국인의 마음을 가장 뒤흔들어 놓았던 영웅이었다. 고든을 죽음으로 몰아넣은 원인을 둘러싸고 영국 안팎에서 곧바로 큰 논쟁이 일어났었다.

고든 장군을 혼자 그 위험한 곳에 보낸 사람은 누구인가. 누가 그를 고립으로 몰아넣었으며, 누가 그의 구원을 방해했는가. 또 그런 악의를 품은 인간은 누구이고, 고든의 명성을 질투한 사람은 누구인가. 좀 더 간단히 말하면 논쟁의 핵심은 이런 것이었다. "배후에서 인형처럼 실을 묶어 고든을 파멸로 몰아넣은 것은 도대체 누구의 손이었나?"

비극이 일어나기 딱 1년 전 영국 정부는 일찍이 이집트 부왕 이스마일 밑에서 수단의 총독을 맡고 있던 고든을 현지로 다시 파견하기로 결정했다. 하르툼에서 고립되어 있던 이집트 군의 철수를 도모하고, 수단의 평화와 질서를 새로 수립하기 위해 영국의 여론은 영웅의 컴백을 강력히 원하고 있었기 때문이었다.

처음에는 옛 군주의 형태인 이집트 부왕으로 임명하는 형태를 띠었는데, 실제로는 달랐다. 고든은 도중에 사실상 영국 관리가 되어 그 훈령을 받게 되었다. 왜냐하면 영국은 당시 이집트를 사실상 지배하고 있었기 때문이었다. 이런 애매한 입장이야말로 고든이 당하게 될 비극의 발단이었던 것이다.

영국은 장차 수단을 이집트에서 분리시켜 독립국가로 삼고, '민족정부'를 만들어서 통치하도록 하는 내용을 계획하고 있었다. 그 청사진을 그린 사람은 카이로 주재 영국 총영사 이블링 베어링 경이었다. 후에 크로마 백작이 된 이가 바로 그다.

여하튼 베어링이야말로 고든을 파견하여 수단에서 이집트군과 외국인을 마흐디의 반란이 미치지 않는 안전한 지역까지 철군시키려고 한 입안자였다.

### 동양에 대한 감정

고든과 베어링이 처음으로 만난 것은 1878년이었을 것이다. 부왕의 막대한 차관 변제의 책임자로 임명된 고든은 공교롭게도 시티 은행(금융과 산업의 중심지) 가문의 일족이었으며, 베어링 형제 가운데 한 사람이기도 한 총영사와 어울리지 않게 빚 탕감에 대한 교섭을 시작했다.

평생토록 독신이자 청교도적인 그리스도 신자였던 고든은 돈에 큰 욕심이 없었을 뿐만 아니라 과거 부왕의 주변에서 기생하고 있던 외국인들을 혐오하고 있었다. '교만하고 잘난 체하며 방자하기 그지없는' 베어링을 고든이 싫어하게 되기까지는 그리 오랜 시간이 걸리지 않았다. 두 사람은 물과 기름처럼 서로 잘 어울리지 않는다는 것을 깨닫고 있었다.

고든은 부왕의 이름을 앞세우면 빌린 돈을 탕감해 줄 것이라고 순진하게 생각하고 있었다. 빅토리아 여왕이 '차관 변제를 조금만 기다려 주지 않겠느냐'고 애원하는데 거부할 젠틀맨이 있겠느냐고 말하고 싶었던 것이다.

그러나 베어링은 달랐다. 은행가의 피를 이어받은 베어링은 청렴하고 신중한 사람이면서도 상당한 금액을 주무를 배짱도 있었으며, 여러 가지 사건이 국가의 재정 상태에 미치는 영향을 상상할 수 있는 지혜도 가지고 있었다.

고든에게는 동양의 '어리숙함'으로 이해할 수 있는 경험과 불행한 사람들에 대한 동정심도 있었지만, 베어링은 인도와 이집트에 대한 경험이 있으면서도 동양에 대해서 이해와 공감을 하려 하지 않았다.

1901년에 《고든 장군전》을 쓴 도쿠토미 로카[88]는 수단의 오지에서 사는 토착민들도 모두 '자신의 동료'임을 공감한 고든이야말로 최고의 인물이라고 하면서 '만약 일본에서 태어났다면 대만 총독에 어울렸을 것'이라는 엉뚱한 찬사를 보내고 있다.

그러나 실제 고든은 부채의 소멸이라는 자신의 주업무 외의 일에 혐오감을 느껴 얼마 후 아프리카 땅에서도 떠나고 말았다. 전쟁과 위기가 사라진 후의 세계를 지배하는 것은 관료라는 말을 뼈저리게 깨달은 사람이 세계사에 얼마나 될까? 고든은 그중 한 사람이었다.

1853년에 러시아와 오스만 제국 간에 일어난 크리미아 전쟁에서 첫 출전을 장식한 고든은 1860년에 중국에 있는 영국군의 일원으로 베이징 공략에 참가하여 태평천국과 싸우는 의용군을 지도했다. 29세의 젊은 나이로 아시아인의 군대를 지도한 영예가 막부 말 혼란기의 일본에서 발휘되지 않았던 것은 일본인 입장에서는 큰 다행이었다.

이와 반대로 베어링이야말로 관료 중의 관료였다. 이집트는 형식상 오스만 제국의 속국이었으므로 영국 사절로서의 총영사라는 직책을 가진, 그리고 훗날 크로마 백작이 되는

---

88) 德富蘆花. 1868~1927. 일본의 소설가.

베어링이야말로 이집트의 실질적인 최고 지배자였다. 덧붙여 크로마는 조선 통감이었던 이토 히로부미가 식민지 정책에 관해서 조언을 구했던 인물이기도 했다.

베어링은 고든보다 여덟 살 연하인 데다가 고든 정도의 지명도가 없었던 탓에 본국과 식민지를 연결하는 체제 속에 속해 있었던 것이다.

### 세련과 질서

고든에게는 넘칠 정도의 스타성이 있었다. 스타가 관료의 규칙을 반드시 지켜야 한다는 법은 없다. 오히려 반대일 것이다.

교양과 지성과 본능의 힘으로 냉정하게 규율을 지키려고 한 베어링에게는 고든과 같이 중국과 수단 양국에서 활약하는 영웅은 색다른 사람으로 보였음에 틀림없었다. 그렇지만 처음 얼마 동안은 특별히 반감을 살 만한 일은 적었을 것이다.

이집트처럼 열광적이고 무질서한 세계에서 오히려 처음에 위화감을 나타낸 것은 베어링이 아닌 고든이었을지도 모른다. 침착함과 특권을 발휘하는 세련된 행동으로 아무렇지 않게 위장하는 베어링이 속한 세계는 고든에게는 친숙하기는커녕 오히려 반감을 자아내는 것이었다. 스타의 체제에 대한 반발은 아교와 옻나무처럼 밀접한 관계이다. 판에 박힌 듯

정밀하게 시간을 반복하고 있는 베어링의 날들은 중국이나 이집트의 포효와 소음 속에서 매일을 지내온 고든과는 아무런 관계가 없는 것이었다. 베어링은 오전에는 관청에서 사무를 보고 밤에는 카이로의 유럽인 사교계에서 시간을 보냈다.

이런 규칙 바른 생활은 관료의 최고 자리를 넘보는 인간에게는 자연스러운 일일지 모르지만 고든과는 관계가 없는 일들이었다. 또 베어링의 그런 생활은 그의 부하 직원들과 부서 바깥의 사람들에게는 질투와 선망의 대상이었다. 그리하여 험담을 좋아하는 카이로의 한 동료는 다음과 같이 평했다.

'인내는 미덕'이라는 세상에 널리 퍼진 말,
하지만 인내의 한계를 측정하는 재료가 되면
아무리 이집트인이라도 신음하면서 말하겠지.
'과도한 인내(bearing)'는 악덕이라고.

이것은 세련된 악의에서 나온 말이 아닐까? 질투와 편견에서 나온 말이라고 하는 사람도 있다. 인내를 뜻하는 영어의 bearing이 베어링(baring)과 음이 같아서 서로를 연결한 것일

---

89) 篠田一士. 1927~1989. 일본의 문예평론가, 번역가.

테지만 '베어링 경의 내면에는 악마가 잠재해 있다' 정도의 의미일 것이라고 영문학자인 시노다 하지메[89]는 해석하였다.

그러나 이 질투심에 대한 해석은 공정하다고는 말할 수 없다. 베어링의 적이었으며 이집트 민족운동에 동정적이었던 영국인 평론가 블란트조차도 베어링은 재기발랄하다고까지는 할 수 없어도 독창적이며, 비밀주의자도 아니었고, 거짓말을 하지도, 권력에 아첨하지도 않았다고 평가했다. 극단적으로 시간을 아껴 쓰고자 한 결벽증과 상상력이 풍부하지 못했던 점은 그에게 큰 마이너스 요소였음에 틀림없다. 그러나 '장점도 뒤집으면 단점이 된다'는 프랑스의 속담이 오히려 진실일 수 있다.

### 모험심과 결벽증

한편 고든은 평생 동안 결혼과 사교를 멀리했다. 그것들이 인간을 엉망으로 만드는 생활방식이라고 생각했다. 소년들의 훈련과 교육에 관심을 가지고 있었지만 성적 동기 때문은 아닌 듯하다. '아라비아의 로렌스'와 달리 그에게 동성애 취향이 있었다고는 생각할 수 없다.

고든은 마흐디의 이슬람 반란군에 포위되어 비극의 날이

점점 다가오는데도 베어링처럼 이성적인 판단과 문서의 절차에 따라 위기를 극복할 기술을 갖추고 있지 않았다. 고든은 고집쟁이여서 베어링의 조언을 무시하고 모험의 길을 걸었다.

자기모순을 고스란히 드러내듯 마구 구원 요청 전보를 타전하는 것만이 유일하게 고든이 할 수 있는 일이었던 반면 공정하고 예민하며 끈기 있게 기다릴 줄 알았던 사람은 베어링 쪽이었다. 베어링은 매번 자기모순에 빠트리는 전보 무더기를 선별하여 대답할 필요가 있는 전보에만 답장을 함으로써 고든의 성급함에 대처했다.

하지만 베어링은 분별력을 가진 고결한 인물이긴 했어도 느긋한 자연스러움이 결여된 사람이었는지 모른다. 반대로 고든은 사물의 진실을 직관적으로 간파해 내는 능력이 뛰어났다.

베어링에 대한 전기 작가 무어헤드의 평가는 올바른 것 같다. 베어링이 살아온 세계는 주의 깊고, 안전을 지향하는 소극성을 금과옥조로 삼는 관료의 세계였다. 그것은 다른 사람들로부터 질투를 받지 않고 자신의 실력을 드러내는 한편 탁월한 기술로 경쟁하는 세계였던 것이다.

고든은 그렇지 않았다. 자기 작전의 정당성을 부하와 동료에게 주입시켜 전쟁을 수행하는 야전사령관은 평상시가 되면 이유 없는 반감을 사게 되고, 그 재능 역시 언제나 타인으로부터 반감과 질투를 사게 되는 것이다. 조직과의 관계에서 볼 때 고든보다는 베어링에게 더 점수를 줄 수 있다. 그러나 두 사람을 멀리 떨어져 바라보는 세간의 평가는 별개이다. 사람들은 언제나 비극의 스타를 원하는 것이다.

게다가 고든에게는 사람들로 하여금 편안하게 접근할 수 없게 만드는 자부심과 겉으로는 드러나지 않는 자신감이 있었다. 관료와 군인이라는 직업상의 차이가 두 사람의 관계를 어렵게 만들었다. 하지만 그중에서도 특히나 고든의 결벽증은 베어링에게는 가장 처리가 곤란한 것이었다.

유럽 사람과 중동 사람을 가리지 않고 사기꾼과 투기꾼의 꼬임에 잘 넘어갔던 이집트의 부왕 이스마일은 일찍이 고든이 전임자와 같은 연봉을 거부했던 게 사실은 더 올려줄 것을 요구하는 제스처가 아니었는지 의심했던 적도 있었다. 돈에 연연해하지 않는 서양인이 있을 리 없다고 믿었기 때문이었다. 전임자는 경비 외에 연봉을 1만 파운드나 받았고, 4년의 임기가 끝난 뒤에는 전부 4만 파운드나 되는 돈이 은행에 적금되어 있었다고 한다.

하지만 고든은 연봉이 고작 2천 파운드면 충분하다고 말했다. 카이로의 외국인 급여 기준으로 볼 때 이런 할인 가격은 관계자들 사이에 패닉현상을 불러일으켰다. 이것은 이집트인의 피를 빨아먹고 있던 터키인과 체르케스인, 그리고 아르메니아인 같은 기생 귀족들뿐만 아니라, 영국인을 비롯한 유럽인들의 미움을 사는 일이었을 것이다.

### 민중이 바라는 것

고든은 마치 20세기 아라비아의 로렌스처럼 모순에 가득찬 복잡한 성격을 가진 인물이었다.

고든은 자기 자신에 대해서 이렇게 솔직하게 표현했던 적도 있다.

"세상에 나만큼 기분이 쉽게 변하는 남자는 없을 것이다."

이 말은 좀 과장된 표현이지만, 그의 내면에는 두 개의 서로 대립되는 요소가 존재하고 있었는지 모른다. 그 하나는 실제 일에 임해서는 투철함과 명석함을 가지고 무엇을 할 것인지, 어떻게 성공시킬지를 순간적으로 간파하는 천성적인 군인의 직감이다. 또 하나는 현세가 아닌 보이지 않는 세계의 영적인 힘에 끌리는 신비주의자로서, 운명을 믿는 기독교 신자로서의 경건함이다.

베어링은 부하를 칭찬함으로써 자신을 부각시키는 기술이 뛰어났다고 한다. 이 점에서는 그가 플루타르코스의 교훈을 잘 음미하고 있었다고 말할 수 있다. 이런 베어링이 고든에게 노골적으로 질투심을 드러냈을 리는 없다. 그렇지만 대등한 파트너로서 인정하지 않은 채 냉담하게 무시한 것은 뛰어난 관료의 마음 저 깊은 곳에 있는 스타 군인을 향한 질투 때문이 아니었을까.

말년에 베어링은 고든이 끊임없이 계획을 변경하고, 본국의 명령에 따르지 않은 데다가 임무 수행에 실패한 원인을 스스로 꾸며냈다고 공언했다. 그가 크로마 백작이 된 후에 출판한 《모던 이집트》(1908년)는 고든 지원 업무에 자신이 부적합했다고 회고하면서 자신의 정치적 책임을 회피하려고 쓴 변명의 글이었다.

분명 베어링에게 군사적 모험은 지긋지긋한 일이었다. 고든이 하르툼에서 안전한 나일강 북부 지역까지 철군하지 않고 위험한 하르툼에 계속 머물렀던 것은 왜였을까. 전부 고든의 자업자득이 아니었을까. 밀려드는 감정을 필사적으로 억누르며 베어링은 그렇게 서술하고 싶었을 것이다.

그러나 결국 기름과 물이 어울리지 못하듯 불신의 눈초리와 애써 감춘 질투심으로 조용히 서로를 바라보았던 두 남자가 있었다는 사실은 어느 쪽 입장에 서든 사라지지 않을 것이다. 하지만 어느 시대를 막론하고 세간의 여론은 비극의 영웅에게 더 후한 점수를 주는 법이다. 설령 실패했을지라도 그 잘잘못을 따지지 않는다.

영국 국민은 성실하지만 외교관은 그렇지 않다고 고든이 말한 적이 있다. 그들은 '간사한 능구렁이'라는 것이다. 패기도 없는 주제에 교활하기만 한 일당(구약성서 잠언 30:24~28)을 의미하는 '교활한 능구렁이'라는 표현만큼 베어링에게 잘 어울리는 말도 없다고 한다면 베어링에게는 너무 잔인한 것이 아닐까.

## 종장

# 질투 받지 않았던 남자

결코 속마음을 보이지 않았던 아둔한 스기야마 하지메, 그리고 군인 같지 않게 권력욕이 없었던 데라우치 히사이치. 또한 나쁜 마음을 가지려 하지 않은 이에미쓰의 이복동생 호시나 마사유키의 인간 됨됨이와 세계에서도 유래를 찾아볼 수 없는 그의 선정(善政)들. 역사속 인물들에게 배우는 처세의 지혜.

# 질투 받지 않았던 남자

**입을 조심하다**

질투를 피하는 데 편법은 없다. 누군가의 질투를 의식하게 되면 절로 보수적이 된다. 무의식중에 자신도 모르게 무사안일주의자가 되고, 활력도 없어지는 것이다.

중요한 점은 다른 사람을 말로 자극하지 않는 것이다. 늘 말이 없어서 불쾌한 놈이라고 생각할지라도 남의 질투를 받지 않기 위해서는 떠오르는 감정이나 생각을 곧바로 내뱉지 않아야 하는 것이다. '침묵은 금이다' 라는 말은 역시 지당하다. 기원전 5세기의 아테네 민주정치의 지도자 페리클레스는 민중들의 신경을 거슬리는 발언이나 스스로가 혐오스러운 놈이라고 생각될 만한 말이 입에서 나오지 않기를 신에게 빌었다고 한다.

어떤 인물이 후계자를 정할 때 질투는 그 후계자에게만 향한다고 단정할 수 없다. 오히려 질투의 시선이 두 사람에게 쏟아져 조직이 엉망이 되는 일도 그리 드물지 않다.

역사적 사실은 아니지만 손튼 와일더[90]의 소설 《산 루이스 레이의 다리》에 등장하는 수녀원장이 후계자로서 주인공인 페피타를 점찍고 가르치는 방식은 현명한 일례일 것이다.

> 천재 교육이라고 하는 것은 사실 어느 시대나 어려운 일이지만, 특히 수도원처럼 질투가 심한 곳에서 그런 교육을 실행하려고 한다면 감히 상상도 못할 만큼 지루하고 끈질긴 방법으로 하지 않으면 안 된다.

수녀원장은 페피타에게 우선 사람들이 제일 싫어하는 일을 나눠주었다. 하지만 페피타는 원장의 수행원으로만 임명된 것은 아니었다. 종교 체험뿐만 아니라 여성을 제어하는 방법, 전염병실에서의 계획, 기부금 모금 방법 등에 대해서도 넌지시 가르쳐주었다.

---

[90] Thornton Niven Wilder. 1897~1975. 미국의 소설가 겸 극작가.

자발적으로 온갖 힘든 일을 헤쳐 나가는 게 사람들로부터 질투를 받지 않는 손쉬운 방법이다. 이것은 관료와 회사원 세계의 '캐리어 패스(많은 일을 익히는 과정)', 즉 '밑바닥 경험'과도 흡사할 것이다.

### 능력 있는 매

자신의 진정한 힘과 마음을 겉으로 표출하면 반드시 질투의 시선을 받는다. 세계대전 전 일본 육군으로 쭉 출세 코스를 걸어온 사람 중에 스기야마 하지메라는 사람이 있었다.

훗날 원수가 되는 그는 자신의 능력을 결코 겉으로 드러내려 하지 않았다. 동료나 부하 청년 장교들로부터 '아둔한 하지메' 또는 '굼뜬 하지메'라는 별명이 붙을 정도였다 전쟁 직후에 부부가 함께 자결하는 순간까지도 꾸물거렸기 때문에 스기야마 하지메 전 원수는 씩씩한 그의 아내로부터 "이제 그만 끝내죠!"라는 말까지 들었다고 한다.

또 그에게는 '도어'라는 별명도 있었다. 강하게 밀면 열린다는 뜻으로, 그의 부하가 강경하게 요구하면 통하기 때문에 생긴 별명이었다. 더욱 놀라운 것은 '화장실 문'이라는 별명도 있었다는 점이다. 육군이 기거하는 건물의 큰 화장실은 안과 밖에서 열리게 되어 있었던 모양이다. 저쪽에서 밀면 이쪽으로 열리고, 이쪽에서 밀면 저쪽으로 열리는 문, 즉 자신만의 견해가 없다는 뜻에서 나온 말이다.

육군에서는 스기야마를 경계하는 사람이 없었다. 1938년 고노에 후미마로[91]에 의한 내각 개편 때 육군대신에서 쫓겨난 것은, 처음에는 중일전쟁의 확대에 반대했다가 많은 사람들이 지지하자 떠밀리듯 자신의 입장을 바꾸는 모습을 보고 주체성도 원칙도 없다며 고노에가 싫어했기 때문이었다고 한다.

그러나 '아둔한 하지메'는 그리 단순한 남자가 아니었다. 자신을 육군대신에서 파면하려는 고노에의 심중을 정확히 꿰뚫어보고 있었기 때문이다. 고노에의 진의를 알면서도 모른 체 시치미를 떼고 정치 상황에 대응했던 데 스기야마의 무서움이 있다. 그는 전혀 부족함 없는 유능한 관리였다. 군의 실력자가 이런 비정상적인 처세술로 쇼와 시대의 격동기를 헤쳐 나와야만 했기 때문에 일본이 힘들었다고 말할 수도 있다.

일본 사회에서는 모난 행동이나 감정을 표출하는 인물은 절대로 출세할 수 없다. 어이가 없는 스기야마의 태도는 모두 치밀한 계산 끝에 세워진 보신술에서 나왔다. 그러나 그는 승부를 내야 할 때는 나름대로 배짱도 있었다. 스기야마

---

91) 近衛文麿. 1891~1945. 일본의 정치가이자 39대 내각 총리대신.

는 이시하라 간지를 중앙에서 추방하고 부활시키지 않았던 입안자 가운데 한 사람이다.

스기야마처럼 속마음을 끝까지 보이지 않는 인간은 현대의 우리 주변에도 반드시 있다. 그는 육군대신, 참모총장, 교육총감이라고 하는 육군의 3대 장관직을 모두 경험한 드문 존재였다. 이시하라는 그 셋 중에서 어느 것 하나도 경험하지 못했고, 도조 히데키조차도 교육총감은 하지 못했다. 그런데 스기야마는 그런 직위를 두루 경험했음에도 불구하고 두드러진 질투와 반감을 받았다는 흔적을 찾아볼 수 없다.

이시하라가 무시무시한 시기와 질투를 받은 대표격이었다고 한다면 종전 당시 남방군 총사령관이었던 데라우치 히사이치는 정반대였다. 아버지가 데라우치 마사타케 전 수상이고, 이미 어렸을 적부터 백작의 신분으로 자라왔다면 그 출신 성분이나 아버지의 치밀한 배려 때문에 일반인은 질투심을 느끼지 못했을 것이다. 하사관들에게 인기가 있었던 데라우치는 무슨 짓을 해도 질투를 받지 않았던 모양이었다.

데라우치에게는 상식에서 벗어난 부분이 있었는데, 직업으로 호텔 매니저를 해보고 싶다고 말한 적도 있었다. 이 정도라면 군인이라는 신분을 떠나서 일반인으로서도 상당히 파격적이어서 주변 사람들의 질투를 살 만한 여지가 없었음에 틀림없다. 그럼에도 도조만은 데라우치를 질투한 흔적이 있는 걸 보면 도조도 어지간한 인물이었다.

사람들 모두가 스기야마나 데라우치처럼 자신을 속이며 타인의 질투를 피했던 것은 아니다. 하지만 스기야마의 사례는 철저한 일본인이라는 측면에서 볼 때 반드시 부정적인 것만은 아니라고 생각한다.

질투를 피하는 가장 간단한 방법은 불필요한 사교의 장소, 혹은 불필요한 사람들과 함부로 사귀지 않는 것이다. 누군가가 무엇을 말하려고 하면 가능한 한 대꾸하지 않고 자신의 일만 하면 되는 것이다. 물론 타인의 이런저런 사정에 대해서 평가해서는 안 된다. 질투를 받지 않는다는 것은 너무 두드러지게 행동하지 않는다는 말과 통한다.

### 분수를 아는 사람

대체로 세계사에서 큰 업적과 성과를 남긴 사람들 중에 질투를 받지 않은 사람이 있을까. 기적적으로 그런 사람이 실제로 있다. 더구나 오래지 않은 일본사에 있다. 그 인물이 도쿠가와의 3대 쇼군 이에미쓰의 이복동생 호시나 마사유키(1611-1672)이다.

그는 노자의 《도덕경》에서 말하는 분수를 아는 사람이었다. '자신을 이기는 자는 강하고, 부족함을 아는 자는 부자'라는 말은 극기심과 지족(知足)의 정신을 가르치는 교훈이다. 마사유키는 무력에 의한 강함과 금전의 풍부함을 자랑하지 않았고, 현재 자신의 모습에 만족하면서 주변 사람들에게 감사의 마음을 잊지 않았던 인물이었다.

겸손은 사람들의 질투심을 유발시키지 않는 조건이다. 마사유키는 도쿠가와 2대 쇼군인 히데타다의 자식이었음에도 불구하고 다케다 신겐 딸의 배려로 다케다 가문의 유신(遺臣)이자 다카토(高遠)의 성주인 호시나 마사미쓰의 양자로 길러졌다. 이것은 어머니 시즈와 히데타다의 관계를 알아챈 정실부인 에요의 질투와 광기를 피하기 위해서였다.

어머니와 그 밖의 다른 여성들의 애정과 자비심으로 자란 마사유키는 사람들에 대한 고마움을 잊지 않는 겸허한 인간이 됐고, 이것이 결국 마사유키를 최고 권력자의 자리에 앉게 한 요인이 되었던 것이다. 그리고 다른 사람들로부터 질투와 공포의 대상이 되지 않은 극히 드문 정치인으로 성장했던 것이다.

아우인 히데나가를 자살로 몰아넣었던 3대 쇼군 이에미쓰가 이복동생 마사유키의 존재를 알았을 때 그 심정은 복잡했을 것이 틀림없다. 도쿠가와 가문의 평화를 반석 위에 올려놓기 위해서였다고는 하지만 친동생을 죽음으로 몰아넣은 이에미쓰는 이루 말할 수 없는 적막감에 휩싸였기 때문이었다.

초기의 오스만 제국처럼 후계 술탄의 지위를 둘러싸고 형제 살인이 합법화되어 있던 왕조와는 달랐다. 친족이 일치단결해서 종가를 부흥시키는 것이 호조나 아시카가 같은 무인 가문의 전통이었다.

도쿠가와 정권에는 이에야스 친자식들의 피를 이어받은 세 가문이 눈을 빛내고 있었다. 이에미쓰로서는 나이 어린 주군 이에쓰나를 보좌할 종가의 기둥이 꼭 필요했다. 모든 면에 있어서 야심가였던 히데나가와 달리 사람들의 질투도 받지 않고 자신의 분수를 아는 마사유키야말로 나이 어린 주군의 보필 임무에 딱 맞는 인재였다.

히데나가는 자신이 감당하기 어려운 문제들은 히데타다에게 추궁할 정도로 버릇이 없었다. 욕심이 없는 마사유키를 이에미쓰가 육친의 정으로 가까이 한 것은 당연한 일이었을 게다.

이에미쓰의 배려로 아이즈(會津) 땅 23만 석을 얻은 후에도 마사유키의 충성심에는 변함이 없었다. 쇼군의 친동생이면서 군신의 관계를 잊지 않은 점이 무엇보다 중요하다.

현대의 족벌경영에서도 오너의 곁에 그 형제나 친척이 있는 것은 흔한 일이다. 하지만 조직 내에서는 아무리 아우나 숙부 사이일지라도 직책의 고하는 반드시 구분하여 지켜야 한다. 그렇지 않으면 서로의 경쟁심이나 질투가 가정과 회사를 파멸로 몰아넣을 게 분명하다. 형제와 가족이라고 해서 공과 사의 구분이 없어지면 조직이 망가지게 되는 것이다.

후에 마사유키의 정체를 알아차린 다이묘들이 그를 윗자리로 모시려고 해도 언제나 그러했듯이 뒷마루에 앉았다. 다이묘들이 곤혹스러워하던 끝에 결국 마사유키 뒤로 앉기 시작했기 때문에 뒷마루는 무사들로 넘쳐났지만 정작 방 안은 텅 비는 기현상이 일어났다.

마사유키가 내각에 참여한 후에도 다이로와 로주를 맡고 있는 창업 공신들 앞에서 쇼군의 이복동생과 숙부로서 행동하는 일은 절대 없었다. 오만방자하지 않았기 때문에 그들이 마사유키에게 반감을 품지 않았던 것이다.

다이로도 아니고 로주도 아닌 상태에서 마사유키는 막부의 공식 직제가 아닌 보좌역만을 담당했다. '쇼군 보좌역'이라는 이름으로 공식 발령 난 것도 아니었는데, 쇼군의 신뢰를 받았던 마사유키의 인격과 능력에 막부 최고의 엘리트들이 진심으로 고개를 숙였다.

### 시대를 앞서간 선정(善政)

쇼군뿐만 아니라 중역들로부터도 질투를 받지 않았던 마

사유키는 천성적으로 조직의 분위기를 체득하고 있었던 희귀한 인물이었다고 말해도 좋을 것이다.

주변 사람들로부터 신뢰를 얻은 마사유키에게 쇼군인 이에미쓰가 임종할 때 유언을 남긴 것은 당연했다. 남겨놓고 가는 어린 자식을 부탁한다는 것이었다. 마사유키는 이에쓰나가 4대 쇼군직을 계승하고 나서 한동안 집으로 돌아가지 않은 채 치요다 성에서 쇼군 보좌 임무를 처리했다.

마사유키의 적절한 보좌를 받은 이에쓰나는 온화하면서도 균형 감각이 좋은 위정자로 성장했다. 만약 이에쓰나가 조금 오래 살았다면 편집광적이었던 5대 쇼군 쓰나요시가 역사의 무대에 등장하지 않았을지도 모른다. 그리고 마사유키가 힘쓴 개혁이 도쿠가와 중기의 일본 정치에 여유와 윤택함을 가져다 줬을 것이다.

희대의 악법으로 민심을 혼란스럽게 한 야나기사와 요시야스와 류코 대승정 같은 괴이한 인물을 등용한 쓰나요시의 측근정치와 마사유키를 중심으로 성공한 이에쓰나의 합의정치를 비교하면 그 차이를 새삼 느끼게 된다.

이에쓰나 정권의 3대 정책이라 할 만한 에도 시대 말기 양자(부모가 중병으로 위독할 때 대를 잇기 위해 데려오는 자식) 금지의 완화, 에도 시대 다이묘의 인질을 잡아두는 제도의 폐지, 순사(殉死)의 금지는 모두 마사유키의 정책에서 나온 것이다. 또 다마강 상수도 개발의 건의뿐만 아니라 1657년의 큰 화재 이후 에도 부흥 계획을 입안하고 신속히 실행한 수도 정비 역시 큰 업적들 가운데 하나이다. 게다가 에도성의 천수각을 재건하지 않기로 한 판단도 칭찬할 만하다.

아이즈의 번주로서 막부보다 먼저 순사를 금지한 것과 연공미(해마다 바치는 쌀)를 4할3푼으로 깎아주는 사창제도를 창설한 것 등 사회복지 정책에도 훌륭한 업적을 남겼다. 사창(社倉)이란 기근에 대비한 곡물 창고인데, 이후 아이즈 영토에서는 기근이 있던 해에도 굶어서 죽는 사람이 없었다고 한다. 더구나 사창미는 재해 시의 용도 외에 땅을 개간하는 농민에게 포상용으로 사용하거나 사례 혹은 노임으로도 사용되었다.

남녀 신분을 따지지 않고 90세 이상의 노인에게 평생토록 현미를 제공한 사업은 일본 최초의 '국민연금제'라고 할 수 있다. 생활고로 인해서 아이를 죽이는 일을 금지시킨 것이나 구급의료제도의 창설도 위생 복지에 얼마나 지대한 공헌을 했는지 모를 정도다.

호시나 마사유키는 사회보장제도와 죄형법정주의와도 관련되어 있는 시책에서 볼 수 있듯이 인간미 넘치는 정치인이었다.

마사유키가 오기 전까지 아이즈번에서는 센고쿠 시대의 살

벌한 분위기 그대로 찢어 죽이고, 삶아 죽이고, 태워 죽이는, 이름만 들어도 가히 상상할 수 있는 가혹한 처형이 벌어지고 있었다. 마사유키는 위정자들이 형법을 가지고 장난을 치고 있다고 비판하면서 잔인한 형벌을 금지했다. 17세기의 마사유키는 18세기 이탈리아의 베카리아[92]가 《범죄와 형벌》에서 주장한 죄형법정주의의 정신을 실현했다고 할 수 있다. 마사유키는 베카리아보다도 1세기나 빨리 죄인의 인권을 배려했던 것이다.

또 과도한 악세를 폐지한 것도 마사유키답다. 이것은 경작 불가능한 토지에도 과세하는 제도였는데, 백성들의 어려움을 알아차리고 이것을 폐지하자 농민들이 '온덴(隱田. 신고하지 않고 숨겨놓은 채 일구던 밭)'의 비밀을 고백해서 오히려 세수가 확대되었다. 한결같은 마음으로 대하면 백성들도 마음을 연다는 것이 맹자의 성선설을 신봉하는 마사유키의 통치이념이었던 것이다.

### 하기 쉬운 질투와 갖기 어려운 용기

이만큼 유능한 위정자라면 질투의 소리가 한두 가지 들려와도 이상할 게 없지만, 마사유키에게는 정말 없었던 것 같다. 그 이유 중에 가장 큰 것은 마사유키가 허세를 부리지 않

---

[92] Cesare Bonesana Marchese di Beccaria. 1738~1794. 이탈리아의 형법학자.

았다는 점 때문이다.

정치인은 재임 중에 온갖 사람들과 절충하고 타협한다. 그 과정에서 거짓말을 하지 않는 사람이라는 평가가 내려지면 그 성과를 가지고 사람들이 질투할 확률이 적어진다. 특히 군주에게는 사소한 거짓말 하나라도 결코 해서는 안 된다는 것이 마사유키의 신념이었다.

쇼군 가문의 사냥터에서 매사냥을 허락받은 마사유키는 다음 날 즉시 성에 들어가 기러기 두 마리를 헌상했다. 사냥에서 두 마리만 잡았다고 정직하게 말하자 이에미쓰는 자신의 호의가 통하지 않았다고 해석하여 불쾌해했다. 이런 점이 이에미쓰의 방자한 부분이다. 이에미쓰의 가신인 사카이 다다카쓰가 윗분을 만족시키려면 "이것은 제가 잡은 사냥감의 일부에 지나지 않습니다"라고 말하는 게 좋을 것이라고 주의를 주었다. 그러자 마사유키는 "조금이라도 윗사람을 속이는 죄는 크다고 믿기 때문에 그와 같이 말했던 것입니다"라고 대답했다고 한다.

이 정도로 천성이 곧은 인간을 질투하는 동료는 당연히 적다. 주인에게 충성을 다할 뿐만 아니라, 사람과의 관계에서 신의를 지키고 거짓말하지 않는 것이 동서고금을 불문하고 정치세계에서 질투를 받지 않는 큰 조건이다.

다만 주의해야 할 것은 자신이 그 누구보다 더 나라를 사랑하고 있으며, 금전의 유혹에도 넘어가지 않는 한결같은 마음의 소유자임을 다른 사람들의 질투를 두려워한 나머지 밝히는 것을 잊어버리는 경우다. 때로는 용기를 가지고 자기 자신을 이야기해야 한다. 이 정도까지 되면 눈속임과 공허함과 명예욕이 파고들 여지가 없다. 반대로, 고결한 정신과 훌륭한 성격이 멋들어지게 맞아 떨어질 것이다.

아테네의 민주정치가 페리클레스나 마사유키 같은 위인은 스스로를 비하하지 않음으로써 오히려 다른 사람의 시기를 멸시하고 질투를 극복해 나갔다. 이렇게 되면 남의 험담을 좋아하는 사람들조차 그들을 이러쿵저러쿵 비판하는 것을 부끄럽게 생각할 수밖에 없는 것이다.

더욱이 사람들의 질투를 받고 싶지 않다고 해서 타인으로부터 중상모략과 비난을 받고 있는데도 여전히 침묵을 지키며 의미를 알 수 없는 묘한 웃음만 짓고 있는 것은 인간으로서의 존엄이 결여되어 있다고 말할 수 있다. 이러한 인물은 질투를 받지 않는 대신 업신여김을 당할 게 틀림없다. 때로는 페리클레스처럼 변명으로라도 의연하게 자신의 정당성을 주장하는 용기와 자신감도 필요한 것이다.

하지만 질투는 놀라울 정도로 쉬운 데 비해 용기를 발휘하는 것은 어려운 일이다.

## 후기

　세계사에 등장하는 인물들은 타인의 행운과 부를 부러워해왔다. 금전과 토지의 경우에만 한정되지 않는다. 명성과 덕성에 대해서도 많은 고난을 극복하여 획득한 것임에도 불구하고 그냥 돌연히 쉽게 이루어졌다고 생각하여 성공한 사람을 질투하는 경향이 있다.
　이런 시련에 직면했을 때 사람들은 누구나 고대 그리스의 비극시인 에우리피데스가 소개하는 기지 넘치는 발언으로 위기를 넘기지 않으면 안 된다. 여기 그의 시 한 구절을 소개한다.

　어째서 내가 현명하다는 거죠. 그냥 걱정 없이
　수많은 병사들 가운데 한 사람으로서

이 길의 달인과 똑같이 운을 나눠가진 것뿐인데.

사회사 연구자도 아닌 내가 〈질투의 세계사〉를 쓰게 된 것은 완전히 우연이다. 이야기는 〈파도〉(신조사) 2001년 5월호에 '남자의 질투'라고 하는 작은 에세이를 썼을 때로 거슬러 올라간다. 이케미야 쇼이치로 씨의 '시마즈를 달리다'(신조사)에 대한 감상을 말하면서 시마즈 요시히사의 동생 요시히로에 대한 질투심을 문제 삼았던 것이다. 이것을 주의 깊게 본 사람이 신조사 출판기획부장인 이토 유키토 씨였다. 이토 씨는 곧바로 발간 준비 중인 신조신서 편집장 미에 히로카즈 씨에게 『질투의 세계사』 집필을 의뢰했다고 말했다. 잡지 출판기획부장인 이토 씨의 예리한 안테나에 놀랄 뿐이다. 그리고 나서 구면인 미에 씨로부터 곧바로 종용을 받았다.

두 사람의 우정 어린 요청에도 불구하고 집필을 신서의 발간 라인업 1년에도 맞추지 못하고 쓸데없이 지연시키다가 지금이라도 출판하게 된 것을 다행스럽게 생각한다. 나의 태만으로 인해서 미에 씨로부터 질책 받은 것은 별로 의미가 없다. 고토 히토도 씨는 정중하게 원고를 읽어주고 정확한 조언을 해주었다. 서술은 '알기 쉽고 독자에게 친절하게'라고 반복한 후토미 씨의 이야기는 내가 언제나 학생들에게 말하던 그것이었기 때문에 조금도 이상하게 생각하지 않았다.

  내 나라 일본을 포함해서 세계의 역사를 읽는 것은 어려운 일이다. 그러나 '질투'라고 하는 묘한 환부(患部)로 세계사를 돌아보는 일은 나름대로 즐거웠다. 어쨌든 집필한 것은 참고 문헌에 소개한 선인들의 고견과 연구 덕분이다. 관계자 여러분에게 감사를 드린다.

| 역자 후기 |

### 질투는 나와 너의 힘

'지양(止揚)'은 헤겔철학의 중요개념이다. 우리가 흔히 '무엇무엇을 지양하다'라고 말할 때의 그 지양은 적극적인 부정을 뜻하지만 헤겔의 변증법에서 그 말은 곧 발전의 의미와도 상통한다. 부정하고 대립함으로서 앞으로 나아가는 것이다.

'질투'의 속성은 분명 부정적이다. 내 마음을 갉아먹고, 틀림없이 정신건강에도 좋지 않은 영향을 미칠 것임에 틀림없다. 무엇보다 나의 사회성을 혼란시키는 요인이 질투라는 것일 게다. 하지만 잘 생각해 보자.《질투의 세계사》는 왜 질투의 흔적을 이토록 꼼꼼히 역사 속에서 들춰내려 했던 것일까. 혹시 질투의 긍정적인 힘, 발전적인 힘을 증명하려 했던 것은 아닐까. 그리고 그 증거로서 인류 가운데 몇몇 압도적인 힘을 가졌던 인간들을 거론했던 것은 아닐까. 그들을 인류의 자천타천의 증거로 내세운 근거가 바로 질투, 시기라고 말하고 싶었던 것은 아닐까.

우리에게는 너무나도 귀에 익은, 그야말로 위인이라 생각했던 인물들의 질투심은 그들의 위대함에 대해 귀에 딱지가 앉도록 들었던 만큼 큰 실망으로 다가온다.

알렉산드로스는 자신의 부하들에 대해 질투심(적개심)이 몹시 강해 어떤 인물에게든 좋게 말하는 경우가 없었지만 그 이유는 다양했다고 전해진다. 전술에 뛰어나다는 이유로 페르디카스를 미워했고, 통솔에 재능이 있다는 이유로 류시마코스를, 용기가 있다는 이유로 세레우코스에게 적의를 품고 있었다. 또한 안티고노스의 야심만만한 성격도 그에게는 거슬렸고, 프톨레마이오스의 요령 좋은 성격에도 의심을 품었으며 아타리아스의 방종, 페이톤의 모반심을 두려워하기도 했다.

카이사르는 시오노 나나미의 교묘한 표현을 사용하면, 지위도 돈도 권력도 없어 술라 사후의 정세에 이렇다 할 대응도 하지 못하고 폼페이우스가 하는 대로 사태를 맡겨둘 만큼 미숙했다. 좋게 말하면 대기만성형, 나쁘게 말하면 플레이보이의 명성밖에 없었으므로 모두가 중요시하는 소중한 인재라고는 여겨지지 않았다. 그런 만큼 카이사르는 남몰래 폼페이우스에게 질투를 품고 있었다 해도 이상할 것은 없다.

투하체프스키의 용병술이 성공, 붉은 군대가 역습을 가하는 한편 8월에 폴란드의 수도 바르샤바를 함락하기 직전까지 몰아붙였을 때 투하체프스키는 스탈린에게 남서부 방면 군대에 있는 기병군대를 바르샤바로 파견해줄 것을 요구했다. 그러자 스탈린은 교묘히 회피하며 거부했다. 이 배경에는 스탈린의 투하체프스키에 대한 깊은 적의가 숨어 있었다.

복수의 기회를 노리고 있던 마오쩌둥은 류사오치에게 제8회 당대회에서 자신을 사임하도록 종용한 데 대한 책임 추궁을 잊지 않았다. 1968년 10월에 추방당한 류사오치는 당의 제명, 홍위병에 의한 학대를 받았으며 1969년 11월에 중병에 걸려 개봉 땅에서 병사했다. 마오는 류에 대한 질투와 증오를 보복으로 완결시킨 셈이다.

위의 인물들은 모두 격변하는 세계사 한복판에 있던 인물들이다. 하지만 그들의 질투심은 평범한 사람의 그것을 능가하는 엄청난 것이었다. 그들이 현실세계에서 그만한 물리적인 힘을 가지고 있었기 때문이다. 알렉산더 대왕은 그와 함께 제국의 영토를 확장해 나갔던 모든 친구들을 질투했으며, 카이사르는 폼페이우스를, 스탈린은 투하체프스키 장군을, 그리고 마오쩌둥은 류사오치를 질투했다. 물론 질투의 결과는 흉악한

몰골로 나타났다. 알렉산더의 세계제국은 그가 죽고 나자 곧 사분오열되었으며, 카이사르 역시 자신이 질투한 폼페이우스처럼 똑같이 질투의 희생물이 되고 말았다. 스탈린이나 마오쩌둥은 또 어떤가. 자신들이 원하던 방식으로 자신들의 국가를 이끌어 나가긴 했지만, 그리하여 국민들 전체의 마음을 하나로 통일시키는 데 성공했지만 그것은 그때뿐이었다. 공산주의 사회의 소위 '숙청'은 그들이라고 예외는 아니었던 것이다.

하지만 《질투의 세계사》에서 문제 삼고 있는 것은 결과가 아니다. 원인이다. 동인(動因)이다. 세계사의 전환을 이룬 동인은 과연 무엇일까, 그것은 바로 질투가 아닐까, 하고 말하고 싶은 것이다. 그렇게 생각하고 보면 그럴듯한 말이기도 하다. 롬멜이 그 당시 귀족 장교들의 질투를 받지 않았다면 과연 '사막의 여우'라는 별명을 얻을 수 있었을까. 우리에게는 전범으로 더 귀에 익은 도조 히데키가 이시하라 간지라는 천재를 질투하지 않았다면 일본 최고의 자리에 오를 수 있었을까.

질투의 힘은 지양의 그것과 다르지 않다. 마이너스적이고, 네거티브한 감정인 질투야말로 발전하기 위한 긍정적이고 포지티브한 힘이다. 역설적이게도 세계사의 사실(史實)들이 그것을 설명해주고 있다. 이 책이 가진 미덕이라면 바로 그런 점일 것이다.